西江韓国語 4B

文法・単語解説

서강한국어 뉴시리즈
Student's Book 4B 문법·단어 참고서

서강한국어 교재시리즈 총기획: 김성희
서강한국어 일본어판 교재연구책임: 구은미

초판 발행	2016년 3월 30일
1판 3쇄	2022년 2월 25일
펴낸곳	서강대학교 국제문화교육원 출판부
펴낸이	심종혁
등록번호	313-2006-00028
출판사 주소	서울시 마포구 백범로 35 (신수동)
Tel	(82-2) 705-8088~9
Fax	(82-2) 701-6692, 713-8963
e-mail	ckss@sogang.ac.kr
Homepage	http://klec.sogang.ac.kr http://koreanimmersion.org

K.L.E.C S.K.I.P

교사 사이트 http://koreanteachers.org

Sogang Korean Teachers

판매·유통	(주)도서출판 하우		
등록번호	제475호		
주소	서울시 중랑구 망우로68길 48		
Tel	(82-2) 922-7090, 922-9728	Fax	(82-2) 922-7092
e-mail	hawoo@hawoo.co.kr	homepage	http://hawoo.co.kr

Contents

目標の文法

第1課

❶ -군요
❷ -은/는 줄 몰랐어요
❸ 한번은 -았/었어요

❶ -군요

예 A: 한국에서는 친구의 어머니를 어머니라고 불러요.
B: 아, 그렇군요. 친구 어머니도 어머니라고 부르는군요.

意味 会話であいづちを打つときに使う。そのほかにも新しく知った情報や事実について感嘆したり、理解したということを表し、主に何かの場面や状況を見聞きしながら話すときに使われる。

形態 動詞、形容詞、名詞이다.

	動詞	形容詞	名詞이다	있다
現在形	-는군요	-군요	-(이)군요	-있군요
過去形	-았/었군요		-이었/였군요	-있었군요

例文
① A: 저는 아침에 회사에 가기 전에 학원에서 매일 한 시간씩 중국어를 공부해요.
B: 매일요? 정말 열심히 공부하는군요.
② A: 이 사진에 있는 분이 제 오빠예요.
B: 와, 인상이 좋군요. 페이 씨하고 많이 닮았는데요?
③ A: 무거운 짐을 들고 가는데 어떤 중학생이 역까지 들어 줬어요.
B: 정말 착한 학생이군요.
④ A: 어제 토픽 시험을 봤는데 공부한 내용이 문제에 많이 나왔어요.
B: 운이 정말 좋았군요. 좋은 결과를 기대해도 되겠어요.
⑤ A: 올해는 과일 값이 많이 비싸요. 작년에는 올해보다 훨씬 쌌거든요.
B: 원래 이렇게 비싼 것은 아니었군요.

Note
何か話を聞いてそれに関して感じたことを話すときや、状況を推測するときには '-겠군요'を使う。

예 A: 제가 사는 원룸은 샤워할 때 뜨거운 물이 잘 안 나와요.
B: 정말 불편하겠군요. 다른 곳으로 이사하는 게 어때요?

追加1 独り言を言ったりパンマルで話すときには '-구나' を使う。

예 A: 어제 왜 학교에 결석했어?
B: 어제 아침에 갑자기 열이 나서 병원에 가느라고 못 갔어.
A: 그래서 학교에 안 왔구나. 지금은 좀 괜찮아?

追加2 '-군요' と '-네요' は置き換えても使える場合が多いが、過去の事実について今新たに知ったというときには '-네요' を使うことができない。

예 A: 어제 일본에서 친구가 와서 마중을 나갔어요.
B: 아, 고향에서 친구가 왔네요. 반가웠겠어요. (X)
→ 왔군요 (O)

❷ -은/는 줄 몰랐어요

예 A: 제가 만든 케이크예요. 한번 드셔 보세요.
B: 와, 미카 씨가 이렇게 요리를 잘하는 줄 몰랐어요.

意味 今まで知らなかった事実を知った時に使われる。

形態 動詞、形容詞、名詞이다.

	動詞	形容詞	名詞이다	있다	
現在形	-는	-은/ㄴ	-인	-는	+ 줄 몰랐어요
過去形	-은/ㄴ				

例文
① A: 루이 씨는 고기를 전혀 안 먹어요.
B: 그래요? 루이 씨가 고기를 안 먹는 줄 몰랐어요.
② A: 민정 씨하고 스테판 씨가 아주 친해요.
B: 두 사람이 친한 줄 몰랐어요. 성격이 너무 달라서요.
③ A: 그 날 파티에 같이 왔던 분이 유나 씨 사촌 오빠래요.
B: 그분이 유나 씨 사촌 오빠인 줄 몰랐어요. 그런데 듣고 보니 닮은 것 같네요.
④ A: 스테판 씨가 어제 제주도에 갔대요.
B: 정말이요? 스테판 씨가 제주도에 간 줄 몰랐어요.
⑤ A: 한국에서 "밥 먹었어요?"라는 말은 인사예요.
B: 아, 인사였군요. 그런 줄 몰랐어요.

Note 1

新しい事実を聞いて話すとき、文章の主語には普通 '-이/가' を使う。

예 A: 미카 씨는 명동에 있는 가게에서 아르바이트한대요.
B: 미카 씨가 아르바이트하는 줄 몰랐어요.

Note 2

'-은/는 줄 몰랐어요' vs. '-은/는 줄 알았어요' (西江韓国語』3B 6課参照)

-은/는 줄 몰랐어요
두 사람이 사귀는 줄 몰랐어요. 성격도 취미도 너무 다르고 만날 때마다 싸워서요.

-은/는 줄 알았어요
두 사람이 사귀는 줄 알았어요. 어디를 가도 항상 꼭 같이 다녀서요.

追加 事実や期待していた状況と全く違っていて驚いたとき、それを強調する意味で、'-을 줄 몰랐어요' を使う。

예 ① A: 무슨 일 있어요? 왜 그렇게 화가 나 있어요?
B: 아니, 준수 씨가 오늘도 약속에 늦어서요.
준수 씨가 그렇게 약속을 안 지킬 줄 몰랐어요. 정말 실망했어요.
② A: 시험을 잘 보셨네요. 공부를 열심히 하셨나 봐요.
B: 진짜요? 저는 시험이 너무 어려워서 떨어진 줄 알았어요.
합격할 줄 정말 몰랐어요.

③ 한번은 -았/었어요

예 A: 외국에 여행 갔다가 문화 차이 때문에 당황했던 적이 있어요?
B: 네. 제가 프랑스에 갔을 때 일이에요. 한번은 어떤 안내소에 들어가서 길을 물었어요.
그런데 거기에 있던 직원이 기분 나빠하면서 먼저 인사부터 하라고 했어요.
한국에서는 보통 안내소 같은 데에서 '안녕하세요'라고 거의 안 하잖아요.

意味 過去に起こったエピソードについて話すとき使われる。この表現法を使って状況を提示し、それに引き続いて具体的な内容を話す。

形態 한번은 -았/었어요 + 에피소드
한번은 -았/었는데 + 에피소드

例文

① 제가 한국어 공부를 시작한 지 얼마 안 됐을 때 일이에요. 한번은 수업을 듣다가 질문을 하려고 선생님을 '미스 김'이라고 불렀어요. 그때 선생님이 아주 기분 나빠했어요. 그때는 제가 선생님을 그렇게 부르면 안 되는 줄 몰랐거든요.

①' 제가 한국어 공부를 시작한 지 얼마 안 됐을 때 일이에요. 한번은 수업을 듣다가 질문을 하려고 선생님을 '미스 김'이라고 불렀는데 그때 선생님이 아주 기분 나빠했어요.
그때는 제가 선생님을 그렇게 부르면 안 되는 줄 몰랐거든요.

② 제가 유럽 여행을 갔을 때 당황했던 적이 있어요. 한번은 길거리에 있는 화장실에 들어갔어요. 그런데 돈을 내야 해서 놀랐어요. 한국에서는 화장실에 갈 때 돈을 내는 일이 없거든요.

②' 제가 유럽 여행을 갔을 때 당황했던 적이 있어요. 한번은 길거리에 있는 화장실에 들어갔는데 돈을 내야 해서 놀랐어요. 한국에서는 화장실을 갈 때 돈을 내는 일이 없거든요.

第2課

❶ 속담
❷ -다는 뜻이에요
❸ -다고 하잖아요

❶ ことわざ

발 없는 말이 천 리를 간다
[足のない言葉が千里を行く]
意味: 言葉やうわさはあっという間に広がるので口を慎むべきだ

종로에서 뺨 맞고 한강에서 화풀이한다
[鐘路で頬を叩かれ、漢江で怒りを解く]
意味: 怒られたり、良くないことを経験したところでは何も言うことができないのに、他の場所に行って関係ない人にその怒りを向けること、八つ当たりすること

호랑이도 제 말 하면 온다
[トラも自分の話をするとやってくる]
意味: トラも自分の話をするとやってくる。その場にいない人について話すと、その人がその場に現れる(うわさをすれば影)

산 넘어 산
[山を超えたらまた山]
意味: 何か辛いことや大変なことが起こり、その問題は解決したものの、ほっとする間もなくまた他の問題が発生し、大変な状況が続くこと(一難去ってまた一難)

무소식이 희소식
[無消息が喜消息]
意味: 何か良くないことが起これば連絡が来るだろうが、特に連絡がないから元気にしているだろうという意味
(便りがないのは良い便り)

길고 짧은 것은 대봐야 안다
[長いのと短いのは直接当ててみないと分からない]
意味: 大きい小さい、勝ち負け、上手下手など、物事の善し悪しは実際に争ってみるとか、経験してみないとわからないということ

세월이 약
[歳月が薬]
意味: 今は辛くて苦しくても、時間が経てば自然に消えるということ

追加

우물 안 개구리
[井の中の蛙]
意味: 世界の広さを知らずに自分だけが最高だと思っていること

소 잃고 외양간 고친다
[牛を失って小屋を直す]
意味: 普段は何も準備していなかったのに、失敗した後になって備えを始めること

바늘 가는 데 실 간다
[針が行くところ糸が行く]
意味: 近い関係にある人がいつもくっついて行動すること

도토리 키 재기
[どんぐりの背比べ]
意味: 特に大きな差がない似たもの同士が張り合うこと

천 리 길도 한 걸음부터
[千里の道も一歩から]
意味: どんなに大きなことでもその始まりは小さなことから始まる

그림의 떡
[絵の餅]
意味: 絵の中に描かれている餅は見ることはできても食べることができないことから、どんなに気に入っても利用することができないことを意味する(絵に描いた餅)

② -다는 뜻이에요

예 A: '발이 넓다'가 무슨 뜻이에요?
B: 아는 사람이 많다는 뜻이에요.

意味 何かについて解説したり、語句の意味を説明したりするときに使われる。

形態 動詞、形容詞、名詞이다 とともに使われ、それぞれ間接話法の形式に '-는 뜻이에요' を付けて表す。

	動詞	形容詞	名詞이다	
現在形	-는/ㄴ다	-다	-(이)라	
過去形	-았/었다		-이었다/였다	+ 는 뜻이에요
未来形	-을/ㄹ 거라		-일 거라	

例文

① A: '즐겨 쓴다'가 무슨 뜻이에요?
B: 좋아해서 자주 사용한다는 뜻이에요.
② A: 어제 N서울 타워에 가서 친구가 '인증샷을 찍자'고 했는데 무슨 뜻이에요?
B: 좋은 장소에 간 사실을 다른 사람이 믿을 수 있게 하기 위해 사진을 찍는다는 뜻이에요.
③ A: '발 디딜 틈도 없다'가 무슨 뜻이에요?
B: 그 말은 어떤 장소에 사람이 아주 많다는 뜻이에요.
④ A: '그림의 떡'이 무슨 뜻이에요?
B: 어떤 물건이 아주 마음에 들지만 가질 수 없을 때 쓰는 표현이에요.
그림 속에 있는 떡처럼 볼 수만 있고 직접 가질 수는 없다는 뜻이지요.
⑤ A: 친구가 영화를 보고 나서 '감동 그자체'였다고 했는데 그게 무슨 뜻이에요?
B: 아주 감동적이었다는 뜻이에요.

Note

'-다는 의미예요'、'-다는 말이에요' の形でも使われる。

예 ① A: '입이 무겁다'가 무슨 뜻이에요?
B: 다른 사람의 비밀을 잘 지킨다는 의미예요.
② A: '옷이 날개다'가 무슨 뜻이에요?
B: 옷이 좋으면 사람이 더 훌륭해 보인다는 말이에요.

③ -다고 하잖아요

예 A: 저는 계획은 잘 세우는데 항상 실천을 못 해요.
B: 시작이 반이라고 하잖아요. 오늘부터 시작해 보세요.

意味 相手の話を聞いて、助言、励まし、忠告などをすることを前提に、ことわざ、格言、新聞記事、一般的なことがらなどを引用して話すときに使われる。

形態 動詞、形容詞、名詞이다 とともに使われ、それぞれ間接話法の形式に '-고 하잖아요'を付けて表す。

	動詞	形容詞	名詞 이다	
現在形	-는/ㄴ다	-다	-(이)라	
過去形	-았/었다		-이었다/였다	+ 고 하잖아요
未来形	-을/ㄹ 거라		-일 거라	

例文

① A: 어제 회식 자리에서 있었던 일을 다른 부서 사람들도 다 알더라고요.
B: 발 없는 말이 천 리를 간다고 하잖아요. 그런 일들은 쉽게 소문이 나더라고요.

② A: 기말 시험을 너무 못 봐서 걱정이에요.
B: 기말 시험이 원래 어렵다고 하잖아요. 지금처럼 준비하면 잘 될 거예요.

③ A: 날씨도 좋은데 남산에 단풍 구경 가요.
B: 단풍은 내장산이 최고라고 하잖아요. 내장산으로 가요.

④ A: 이번 주말에 뭐 할까요?
B: 주말에 눈이 많이 올 거라고 하잖아요. 스키 타러 가는 게 어때요?

⑤ A: 요즘 점심 식사 후에 자주 졸아요. 날씨가 따뜻해져서 그런가 봐요.
B: 그럼 비타민이 많이 들어있는 과일을 드셔 보세요. 딸기에 비타민이 많이 들어 있다고 하잖아요.

第3課

❶ 계절 표현
❷ -다는데
❸ -는 바람에

❶ 계절 표현

春

□ 벚꽃이 피다　桜が咲く
□ 봄을 타다　春の雰囲気に染まる
□ 화창하다　快晴だ
□ 건조하다　乾燥する
□ 황사가 심하다　黄砂がひどい

天気予報でよく使う表現
꽃샘 추위 花冷え

夏

□ 태풍이 오다　台風が来る
□ 무덥다　蒸し暑い
□ 소나기가 내리다　にわか雨が降る
□ 장마가 시작되다　梅雨が始まる
□ 더위를 타다　暑さに参る、夏バテする
□ 습하다　ジメジメする、湿っている
□ 열대야가 시작되다　熱帯夜が始まる

天気予報でよく使う表現
폭우 暴雨, 폭염 酷暑、猛暑

秋

□ 건조하다　乾燥する
□ 단풍이 들다　紅葉する
□ 낙엽이 지다　落ち葉が散る
□ 일교차가 크다　朝晩の気温差が大きい
□ 화창하다　快晴だ

天気予報でよく使う表現
완연한 가을 完全な秋

冬

□ 건조하다　乾燥する
□ 기온이 뚝 떨어지다　気温がぐっと落ちる
□ 추위를 타다　寒がる、寒さに弱い
□ 귀가 시리다　耳がしびれるほど冷たい
□ 손/발이 꽁꽁 얼다　手/足がカチカチになる

天気予報でよく使う表現
폭설(突然の)大雪

追加

春　봄비가 내리다 春雨が降る
포근하다 ぽかぽかと暖かい, 날씨가 변덕스럽다 天気が変わりやすい

夏　후덥지근하다 蒸し暑い, 자외선이 강하다 紫外線が強い
天気予報　불볕더위 (陽射しがかんかんに照りつけるような) 真夏の酷暑,
찜통더위 梅雨のむしむしした湿気の多い暑さ

秋　쌀쌀하다 肌寒い, 선선하다 (爽やかで)すずしい,
바람이 서늘하다 風がひんやりしている

冬　추위가 찾아오다 寒さがやってくる, 추위가 한풀 꺾이다 寒さが少し和らぐ
天気予報　적설량 積雪量, 한파 寒波.

② -다는데 (=다고 하는데)

예　A: 주말 날씨가 화창하다는데 산책 나갈까요?
B: 좋은 생각이네요.

意味　メディアを通じて知った情報やほかの人から聞いた話を提供しながら相手に何かを提案したり進めたりするときに使われる。

形態　(ラジオ、新聞、ニュース、天気予報)에서 + -다는데
(人)이 + -다는데
'-다는데' の後には主に '-을까요?','-는 게 어때요?, '-을래요?' などが来る。形容詞、動詞、名詞이다 とともに使われるが、それぞれ間接話法の形式に '-다는데'を付けて表す。

			間接話法 +고 하는데	間接話法 +는데
平叙文	現在形	動詞	-는/ㄴ다고 하는데	-는/ㄴ다는데
		形容詞	-다고 하는데	-다는데
		名詞	-(이)라고 하는데	-(이)라는데
	過去形	動詞/形容詞	-았/었다고 하는데	-았/었다는데
	未来形	動詞/形容詞	-을/ㄹ 거라고 하는데	-을/ㄹ 거라는데
勧誘文			-자고 하는데	-자는데
命令文			-(으)라고 하는데	-(으)라는데
疑問文			-냐고 하는데	-냐는데

例文
① 이번 주말에 한강에서 불꽃 축제를 한다는데 같이 갈래요?
② 라디오에서 오늘 날씨가 진짜 춥다는데 따뜻하게 입고 가세요.
③ 요즘 그 책이 베스트셀러라는데 한번 읽어 보세요.
④ 어제 알렉스 씨가 많이 아팠다는데 우리 병문안 갈까요?
⑤ 이번 학교 축제에 유명한 가수들이 올 거라는데 우리도 가 볼까요?
⑥ 민정 씨가 오늘 시험 공부하자는데 스테판 씨도 같이 가요!
⑦ 선생님이 이번 주까지 발표문을 내라는데 루이 씨, 얼른 준비하세요.
⑧ A: 미카 씨가 '생파'가 뭐냐는데 알면 좀 가르쳐 주세요.
B: 생일 파티를 줄여서 '생파'라고 해요.

❸ -는 바람에

예 A: 왜 이렇게 늦었어요?
B: 미안해요. 버스를 놓치는 바람에 늦게 도착했어요.

意味 後ろに現れる状況の原因や根拠を表すときに使われ、普通、予期しなかったことが突然起こって悪い結果が起こったときに使われる。

形態 動詞 는 바람에

例文
① 핸드폰을 집에 놓고 오는 바람에 전화를 못 받았어요.
② 급한 일이 생기는 바람에 오늘 약속을 다음 주로 미뤘어요.
③ 친구가 갑자기 찾아오는 바람에 일을 못 했어요.
④ 제주도에 여행하러 갔는데 배탈이 나는 바람에 호텔에서 계속 잠만 잤어요.
⑤ 모임 날짜를 잘못 듣는 바람에 참석 못 했어요.

Note 1
格式張らないで話すときに使われる。

Note 2
過去に起こった状況にも現在形を使う。

예 친구가 늦게 온 바람에 30분이나 기다렸다. (X)
오는 (O)
갑자기 컴퓨터가 고장난 바람에 급하게 A/S 센터에 가야 했다. (X)
고장나는 (O)

第4課

❶ -아/어야
❷ 얼마나 -은/는지
❸ 명사 만큼은 -아/어야 돼요

❶ -아/어야

예 A: 배운 것을 잊어버려서 실력이 느는 것 같지 않아요.
B: 자꾸 복습해야 잊어버리지 않아요. 매일 복습하도록 하세요.

意味 前に起こった行為や状態が後ろの状況について必須の条件であることを表す。その条件を満たすために「こうしなければいけない」という意味が含まれている。

形態 動詞、形容詞、名詞이다.

	動詞	形容詞	名詞이다
現在形	-아/어야	-아/어야	-이어야/여야

例文

① [신입 사원이 직장 선배에게]
A: 승진하려면 어떻게 해야 돼요? 좋은 성과를 내는 것이 무엇보다 중요하겠죠?
B: 성과도 중요하지만 우선 우리 회사에서 3년 이상 근무해야 승진할 수 있어.

② [교실에서 쉬는 시간에]
A: 발표를 잘하고 싶은데 어떻게 해야 할지 모르겠어요.
B: 내용이 재미있어야 듣는 사람들이 발표에 집중할 수 있어요. 그러니까 듣는 사람들이 흥미를 가질 수 있는 주제를 찾으세요.

③ [도서관에서]
A: 죄송한데 꼭 이 학교 학생이어야 자료실을 이용할 수 있나요?
B: 네. 이 학교 학생이 아닌 사람은 자료실에 들어갈 수 없습니다.

Note 1

'-으면'はまだ成立していない前述の内容が、仮に成立したらという仮定条件を表す。
'-아/어야'は、前の内容が後ろに来る内容を成立させるための必須条件であることを表す。

예 한국어를 잘하면 한국에서 살기 편해요. (単純な条件)
한국어를 잘해야 한국의 대학에 입학할 수 있어요. (必須条件)

Note 2

命令や勧誘を表す表現とともに使うことができる。

❷ 얼마나 -은/는지

> 예 A: 그 영화가 그렇게 재미있어요?
> B: 네. 얼마나 재미있는지 한국 사람치고 안 본 사람이 없어요.

意味 あることの程度がとてもはなはだしい時に使う。後ろには、程度がはなはだしいことで生じる結果が来る。

形態 動詞、形容詞、名詞이다とともに使われるが、'얼마나 -은/는지' の後ろには主に平叙文が来る。

		動詞	形容詞	名詞이다
얼마나 +	現在形	-는지	-은/ㄴ지	-인지
	過去形	-았/었는지		-이었/였는지

例文

① A: 알렉스 씨가 요즘 공부를 그렇게 열심히 한다면서요?
B: 네. 얼마나 열심히 공부하는지 도서관에서 산대요.
② A: 스테판 씨가 한국 친구가 많아요?
B: 네. 얼마나 한국 친구가 많은지 친구 전화번호가 500개가 넘는대요.
③ A: 미카 씨가 그렇게 친절해요?
B: 네. 얼마나 친절한지 학교 친구들이 모두 미카 씨를 좋아해요.
④ A: 어제 이사 잘 하셨어요?
B: 네. 어제 이사할 때 반 친구들이 와서 도와줘서 얼마나 고마웠는지 몰라요.
⑤ A: 학교 정문 건너편에 있는 식당 삼겹살이 맛있었다면서요?
B: 네. 얼마나 맛있었는지 둘이서 5인분이나 먹었어요.

Note

'얼마나'が、動作動詞と一緒に使われるときは、必ず程度を表す副詞と一緒に使われる。

> 예 스테판 씨가 한국어를 얼마나 하는지 한국 사람 같아요. (X)
> 스테판 씨가 한국어를 얼마나 잘하는지 한국 사람 같아요. (O)
>
> しかし、'좋아하다', '싫어하다', '사랑하다'　のような、感情を表す動詞が来るときには程度副詞はなくてもよい。
>
> 예 미카 씨가 비빔밥을 얼마나 좋아하는지 식당에 가면 항상 비빔밥만 주문해요.

追加 前に来る状況の程度が高いことを強調するときには '얼마나 -은/는지 몰라요', '얼마나 -은/는지 말도 못 해요' の形を使うこともある。

> 예 ① 발표 준비로 요즘 얼마나 바쁜지 몰라요. (=아주 바빠요.)
> ② A: 오늘 날씨 어때요?
> B: 바람도 많이 불고 얼마나 추운지 말도 못 해요.

③ 명사 만큼은 -아/어야 돼요

> 예 A: 재미있는 한국 영화 좀 추천해 주세요.
> B: '올드보이' 봤어요? 박찬욱 감독 팬이라면 '올드보이'만큼은 꼭 봐야 돼요.

意味 何かを相手に積極的に勧めるときに使う。何かを勧めるとき、特にこれだけは外すことができないというものを取り上げて勧めるときに使う。

形態 名詞만큼은 꼭 -아/어야 되다
名詞만큼은 -아/어 봐야 되다
名詞만큼은 꼭 -으세요
'-으면', '-다면', '-으려면' などの文法とよく一緒に使われる。

例文

① A: 완 씨, 제가 이번 방학 때 베트남 하노이에 가려고 하는데 어디 갈 만한 데 있으면 알려 줄래요?
B: 그래요? 하노이 쪽으로 가면 하롱베이와 사파만큼은 꼭 가 보세요.
정말 경치가 아름다운 곳이에요.

② A: 이번 방학 때 한국에서 등산을 해 볼까 하는데 어디가 좋을까요?
B: 설악산이 가 볼 만할 것 같아요.
한국 유학생이라면 설악산만큼은 꼭 가 봐야 돼요.

③ A: 시험 공부하고 있는데 단어가 너무 많아요. 어떤 걸 공부하는 게 좋을까요?
B: 오늘 선생님한테서 받은 종이 있지요?
시험 잘 보려면 그 단어만큼은 꼭 외우세요. 중요한 단어를 모은 거거든요.

第5課

❶ -았/었던 것 같아요
❷ -다면

❶ -았/었던 것 같아요

예 A: 유학 생활 중에서 언제가 제일 힘들었어요?
B: 음...... 글쎄요. 작년에 몸이 아팠을 때가 제일 힘들었던 것 같아요.

意味 話者の過去の経験や過去の記憶を回想して話すとき使用され、話者の記憶が不確かであることを表す。

形態 動詞、形容詞、名詞이다.

例文
① 전주 식당에서 먹었던 한정식이 정말 맛있었던 것 같아요.
② 작년 루이 씨 생일 파티에 페이 씨도 왔던 것 같아요.
③ 제가 가장 재미있게 봤던 영화가 '스파이더맨'이었던 것 같아요.
④ 승우 씨한테 무슨 일이 있었던 것 같아요. 얼굴이 안 좋아 보여요.
⑤ 떡볶이에 대해서 발표한 학생이 앨리슨 씨였던 것 같아요.

Note
'동사은 것 같다' は、過去に起こった行動についての推測に使われ、'-았/었던 것 같다' は、過去に起こったことについての回想のニュアンスがより強く表される。

예 '동사은 것 같다' 『西江韓国語2B』2課参照
A: 앤디 씨가 피곤해 보이는데 왜 그런 것 같아요?
B: 제 생각에는 앤디 씨가 늦게까지 공부한 것 같아요.
C : 음...... 제 생각은 달라요. 앤디 씨가 클럽에서 밤 늦게까지 춤 춘 것 같아요.

'-았/었던 것 같다'
A: 한국에 처음 왔던 날 제일 먼저 뭐 했어요?
B: 제일 먼저요? 음...... 잘 생각은 안 나지만 환전하러 은행에 갔던 것 같아요.

② -다면

예 A: (만약) 복권에 당첨된다면 뭘 하고 싶어요?
B: (만약) 복권에 당첨된다면 좋은 집과 좋은 차를 사고 싶어요.

意味 事実ではないことや現実にありえないこと、実現する可能性が低い状況を仮定する時に用いられる。 '만약', '만일' とともに使われる場合が多い。

形態 動詞、形容詞、名詞이다.

	動詞	形容詞	名詞이다
現在形	-는/ㄴ다면	-다면	-(이)라면

例文

① A: 어렸을 때로 돌아간다면 언제로 돌아가고 싶어요?
B: 저는 초등학교 1, 2학년 때로 돌아가고 싶어요.
저는 그때가 제일 행복했던 것 같아요.

② A: 동물로 태어난다면 무슨 동물로 태어나고 싶어요?
B: 저는 새로 태어나고 싶어요. 하늘을 날 수 있으니까요.

③ A: 1년 휴가를 받는다면 뭐 하고 싶어요?
B: 음, 6개월은 세계 여행을 준비하고 6개월은 세계 여행을 하고 싶어요.

④ A: 지금 영화 감독이라면 어떤 영화를 만들고 싶어요?
B: 사람들이 많이 웃을 수 있는 코미디 영화를 만들고 싶어요.

Note

'-다면'は '-으면' よりもはるかに実現の可能性が低いことを仮定するときに使われる。

예 내일 지구가 멸망한다면 오늘 뭐 할 거예요? (実現の可能性が低い)
시간이 있으면 커피라도 한잔 할까요? (実現の可能性がある)

追加 '-았/었다면' は、過去にすでに起こったことやしたことと反対の状況を仮定する時使われる。

예 (지금 한국에 살아요)
한국에 오지 않았다면 예전에 다니던 회사에 계속 다니고 있을 거예요.

第6課

❶ -았/었어야지요
❷ -아/어 주셨으면 해요
❸ -은/는 데다가

❶ -았/었어야지요

예 A: 아휴! 교통 신호를 안 지켜서 벌금을 냈어요.
B: 아이구! 왜 그랬어요? 아무리 바빠도 교통 신호는 지켰어야지요.

意味 聞いている人を叱ったり責めたりするときに使われる。聞いている人や他の人がしなければいけないことをしなかったとき、または、ある状態でなければならないのにその状態にきちんとなっていないとき、不満を表し叱るために使われる。

形態 動詞 았/었어야지요
動詞-지 말았어야지요

例文

① A: 아침에 약속이 있었는데 늦게 일어났어요.
B: 아침에 일찍 일어나야 하면 알람을 맞추고 잤어야지요.
② A: 어제 미용실 갔는데 손님이 많아서 세 시간 기다렸어.
B: 예약하고 갔어야지. 거기는 예약 안 하면 머리하기 힘들어.
③ A: 뛰어가다가 넘어져서 다리를 다쳤어요.
B: 눈이 와서 길이 미끄러운데 조심했어야지요.
④ A: 어제 늦게까지 게임을 하느라고 시험 공부를 못했어.
B: 아이고. 게임을 시작하지 말았어야지.

追加

1. 普通自分と同じくらいの年・身分にある人や、年下の人に使う。話すとき強い語調で話すと、相手が気分を害する場合もあるので、抑揚に注意して話さなければならない。

예 (후배가 선배에게)
선배, 늦으면 늦는다고 미리 연락했어야지요. (X)

2. 何かについて、当然しなければならないと考えているとき、または、当然ある状態でなければならないと考えているときには、'아/어야지요' を使う。

예 결혼식에 축하객이 많이 와야지요.

❷ -아/어 주셨으면 해요

예 (전자제품매장 직원과 손님)
A: 지난주에 로봇 청소기를 샀는데요. 소음이 너무 심해요. 불량인 것 같아요.
B: 죄송합니다, 고객님. 확인해 보겠습니다.
A: 바로 좀 교환해 주셨으면 해요.

意味 問題を改善してくれるようにお願いするときに使う。今後の希望や願いを公的に婉曲的に表す感じになる。

形態 動詞 아/어 주셨으면 해요

例文
① [세탁소에 전화]
A: 지난주에 맡긴 옷을 오늘 찾으러 가려고 하는데요.
B: 죄송합니다, 손님. 아직 세탁이 안 끝났어요.
A: 지난번에는 오늘까지 할 수 있다고 하셨잖아요.
늦어도 내일까지는 해 주셨으면 해요.
② [인터넷 쇼핑몰 고객서비스 센터에 전화]
A: 반품을 하려고 하는데요. 제조 업체 전화번호가 좀 이상한 것 같아요.
전화를 안 받아요.
B: 죄송합니다. 확인해 보고 연락 드리겠습니다.
A: 웹사이트에 좀 더 정확한 정보를 제공해 주셨으면 해요.
③ [하숙집에서 주인 아주머니에게]
A: 아주머니, 지난번에도 말씀드렸는데요. 난방이 안 돼서 너무 추워요.
오늘은 꼭 수리해 주셨으면 하는데요.
B: 아, 미안해요. 오늘은 꼭 해결해 줄게요.
④ [아파트 윗층에 사는 이웃에게]
A: 매일 밤마다 아이들이 뛰어 다니는 소리 때문에 잠을 잘 수 없어요.
밤에는 아이들을 조용히 시켜 주셨으면 해요.
B: 아, 죄송합니다. 소리가 그렇게 큰 줄 몰랐어요.

❸ -은/는 데다가

예 A: 왜 이렇게 늦었어요?
B: 눈이 오는 데다가 버스도 늦게 와서 늦었어요. 죄송해요.

意味 前の状態や行為に他の状態や行為が付け加わることで程度がさらにはなはだしくなることを表すときに使われる。

形態 動詞、形容詞、名詞이다.

	動詞	形容詞	名詞이다
現在形	-는 데다가	-은/ㄴ 데다가	-인 데다가
過去形	-은/ㄴ 데다가		

例文

① A: 루이 씨가 안 보이네요. 어디 갔어요?
B: 열이 많이 나는 데다가 기침이 심해서 병원에 간다고 했어요.

② A: 학교 앞에 새로 생긴 식당 가 봤어요?
B: 네. 양이 적은 데다가 맛도 없고 비싸던데요.

③ A: 스테판 씨는 인기가 많은 것 같아요.
B: 모든 일에 열정적인 데다가 적극적이니까요.

④ A: 왜 어제 모임에 안 왔어요?
B: 어제 갑자기 회사에 일이 생긴 데다가 출장도 가야 하는 바람에 못 갔어요.

⑤ A: 소영 씨, 괜찮아요? 어디 아파 보여요.
B: 아까 점심 때 밥을 많이 먹은 데다가 계속 앉아 있었더니 속이 좀 불편해요.

Note

1. 前の文章と後ろの文章の主語が同じでなければならない。

예 준수 씨는 키가 큰 데다가 스테판 씨는 체격도 좋아요. (X)
준수 씨는 키가 큰 데다가 체격도 좋아요. (O)

2. 前の文章と後ろの文章で話す内容は同じ主題でなければならない。

예 서울은 교통이 복잡한 데다가 전통적이에요. (X)
서울은 교통이 복잡한 데다가 공기도 나빠요. (O)

第7課

① 명사 에 따르면 -다고 합니다
② -은/는 것으로 나타났습니다
③ -을 것으로 예상됩니다

① 명사 에 따르면 -다고 합니다

예 오늘 3시 여의도 한 빌딩에서 화재가 발생했습니다.
목격자에 따르면 3층 식당에서 연기가 나기 시작했다고 합니다.

意味 引用先を明らかにし、引用した内容を話すとき使われる。ニュースや格式張った状況でよく使われる。

形態 名詞에 따르면 間接話法 -다고 합니다 の形で使われる。

例文

① 목격자에 따르면 24층 식당가에서 연기가 나기 시작했다고 합니다.
② 전문가에 따르면 보통 연기는 화재 발생 후 2분이면 모두 퍼진다고 합니다.
③ 심리학자에 따르면 '남자는 가을을 타고 여자는 봄을 탄다'는 말은 충분히 과학적으로 설명 가능하다고 합니다.
④ 한국관광공사에 따르면 수술이나 치료를 목적으로 한국을 방문하는 외국인이 늘어나고 있다고 합니다.

Note

非公式的な状況では下のような形で使われる。

① 名詞에서 -다고 해요

예 뉴스 보도에 따르면 이번 장마로 피해액이 늘어날 거라고 합니다.
→ 뉴스에서 이번 장마로 피해액이 늘어날 거라고 해요.

② 名詞에서 들었는데 -다고 해요
名詞에서 봤는데 -다고 해요

예 뉴스 보도에 따르면 이번 장마로 피해액이 늘어날 거라고 합니다.
→ 뉴스에서 들었는데 이번 장마로 피해액이 늘어날 거라고 해요.
→ 뉴스에서 봤는데 이번 장마로 피해액이 늘어날 거라고 해요.

追加 引用先が人ではない場合、'名詞에 따르면 -은/는 것으로 나타났습니다'を使うこともできる。

예 ① 설문 조사에 따르면 한국인은 숫자 '7'을 가장 좋아하는 것으로 나타났습니다.
② 한 연구 결과에 따르면 복권 당첨자 중 80%는 불행한 삶을 사는 것으로 나타났습니다.

❷ -은/는 것으로 나타났습니다

예 대학 4학년 재학생 중 20%가 대학원에 진학하는 것으로 나타났습니다.

意味 具体的な根拠を聞いて、ある状況や事実を説明したり、報告したりするときに使われる。

形態 動詞、形容詞、名詞이다 とともに使われる。 '-은/는 것으로 나타났습니다', '-은/는 것으로 알려졌습니다' の形でよく使われる。

	動詞	形容詞	名詞이다	
現在形	-는 것	-은/ㄴ 것	-인 것	+ 으로 나타났습니다
過去形	-은/ㄴ 것		-이었/였던 것	

例文

① 직장인 다섯 명 중 한 명은 이직을 희망하는 것으로 나타났습니다.
② 실험 결과, 오래 앉아 있는 사람이 서서 일하는 사람보다 디스크에 걸릴 확률이 더 높은 것으로 나타났습니다.
③ 조사 결과, 청소년들의 수면 시간이 부족한 것으로 나타났습니다.
④ 한국 성인의 스마트폰 사용 시간은 하루 평균 2.5시간인 것으로 나타났습니다.
⑤ 7~8월 해외 여행을 떠난 대학생이 작년보다 15% 늘어난 것으로 나타났습니다.

追加 事件や事故の原因、事実、内容がわからなかったが後で明らかになったというときには、'-은/는 것으로 밝혀졌습니다' の形で使われる。

예 경찰 수사로 이번 사건의 범인이 A 씨인 것으로 밝혀졌습니다.

❸ -을 것으로 예상됩니다

예 앞으로 2~3일 눈이 더 내릴 것으로 예상됩니다.

意味 ある状況や事実についての展望や推測を表す。

形態 動詞、形容詞、名詞이다 とともに使われ '-을 것으로 예상됩니다' の形で使われる。

	動詞	形容詞	名詞이다	
現在形	-을/ㄹ 것	-을/ㄹ 것	-일 것	+ 으로 예상됩니다

例文

① 관광객은 앞으로도 계속 증가할 것으로 예상됩니다.
② 7~8월은 무더위로 인해 전력 소비가 크게 늘 것으로 예상됩니다.
③ 버스 파업으로 시민들이 불편을 겪을 것으로 예상됩니다.
④ 올해 전기요금 인상 폭은 3% 정도일 것으로 예상됩니다.

追加 '-을 것으로 예상됩니다' とともに '-을 것으로 보입니다', '-을 것으로 전망됩니다' の形でもよく使われる。

예
① 이번 행사에 약 300여 명이 참석할 것으로 보입니다.
② 공사 시간이 예상보다 많이 걸릴 것으로 보입니다.
③ 엑스포 기간 동안 주차 공간이 부족할 것으로 전망됩니다.
④ 내년에는 올해보다 수출이 감소하고 경제가 침체될 것으로 전망됩니다.

第8課

① -은/는 반면에
② 명사 에 비해서

① -은/는 반면에

예 전라도 지방은 평지가 많아서 농사를 지을 수있는 땅이 많은 반면에 강원도 지방은 높은 산 때문에 농사를 지을 수있는 땅이 적습니다.

意味 後ろにくる言葉が前の内容と正反対であることを表すときに使われる。'-지만'と似ているが、格式張った状況ではこの表現のほうがよく使われる。

形態 動詞、形容詞、名詞이다.

	動詞	形容詞	名詞이다	있다	
現在形	-는	-은/ㄴ	-인	-는	+ 반면에
過去形	-ㄴ/은				

例文

① 강원도 지역은 눈이 자주 내리는 반면에 경상도 지역은 눈이 적게 내립니다.
② 콘도에서는 요리를 직접 할 수 있는 반면에 호텔에서는 요리할 수 없기 때문에 오랫동안 머무를 사람들은 콘도를 선호하는 편입니다.
③ 서울 김치는 양념이 적은 반면에 전라도 김치는 양념이 많고 맵습니다.
④ 주중 지하철 막차 시간은 12시 50분인 반면에 주말은 11시 50분입니다.

② 명사 에 비해서

예 한국의 겨울은 여름에 비해서 건조한 편입니다. 겨울의 평균 습도는 30% 정도로 아주 낮기 때문에 건강 관리에 신경을 써야 합니다.

意味 2つの事実を比べるときに使われる。'名詞보다'と似ているが、格式張った状況では、この表現のほうがよく使われる。

形態 名詞에 비해서', 名詞에 비해, 名詞에 비하여 の形で使われる。

例文

① 모범 택시는 일반 택시에 비해서 기본 요금이 더 비쌉니다.
② 춘천은 서울에 비해 겨울 평균 기온이 낮습니다.
③ 이 빌딩이 다른 빌딩에 비해 시설이 좋은 편입니다.
④ 한국 음식은 일본 음식에 비하여 매운 양념을 많이 사용합니다.

単語·表現

*の表示で強調した単語は授業でより重要に扱ったものである。
[ ]は韓国で使われる漢字及び直訳である。

第1課 맞장구치기 에피소드 말하기

1과 듣고 말하기 1

*문화 차이	文化の違い
*당황하다	戸惑う
*부담스럽다	負担になる、重く感じる
모임	集まり
*돌아가면서 내다	(お金)を順番で出す
*각자 내다	各自が(費用を)出す、割り勘にする
상황	状況
보이지 않는 규칙	見えない規則
*A·S를 맡기다	サービスセンターに預ける A·S：アフターサービスの略

1과 말하기 1

-이 쌓이다	-が積もる
미역국	わかめスープ
안내소	案内所
똑바로	まっすぐ
쳐다보다	見つめる
버릇 없다	行儀がない、礼儀がない 버릇：目上の人に尽すべき しつけ、行儀
꾸중을 듣다	叱られる 꾸중：目上の人が目下の人の間違いをとがめること
맞장구를 치다	あいづちを打つ

1과 듣고 말하기 2

토크쇼	トークショー
*공감되다	共感する
*뽑다	選ぶ、選び抜く
토크왕으로 뽑다	トーク王に選ぶ
*덩치가 크다	体格が大きい、体つきが大きい
*에피소드	エピソード、逸話
자기야!	あなた！きみ！ 男女ともに恋人を呼ぶときに使われる

1과 읽고 말하기 1

묻다	尋ねる
공감하다	共感する
*설레다	ときめく、そわそわする
온돌방	オンドルの部屋
*둘러보다	見回る
노크	ノック
*무례하다	無礼だ
*생각이 들다	考える、思う、気がする
*여전히	相変わらず
*무뚝뚝하다	無愛想だ
인정[人情]이 많다	情が厚い
*외롭다	寂しい
*두리번거리다	きょろきょろ見回す
순간	瞬間、一瞬
이것저것	あれこれ
샘플	サンプル
스킨	化粧水
로션	乳液
(명사) 외에도	(名詞)以外にも
봉지	袋
*그게 다가 아니다	それが全てではない
브로마이드	ポスター
웃음이 나다	笑いが出る
공중 화장실	公衆トイレ
*볼일을 보다	用を足す
*남녀 공용	男女共用
따로따로	別々に
*안심하다	安心だ

1과 읽고 말하기 2

*수선을 맡기다	修理に［預ける］出す
징	鋲
	靴の表面の革や馬蹄に打ち込む、平たくて大きい頭のついた短い鋲
*박다	打ち込む
*빼다	外す、取る
바닥	地面、床、底
부딪치다	ぶつかる
초저녁	夕暮れ
창경궁	昌慶宮
담	塀
*살짝	こっそり、軽く
*고개를 돌리다	首を回す

*겁주다	怖がらせる、脅かす
	겁 : 怖がったり恐れたりする気持ち
*앞지르다	追い越す
앞질러 가다	先回りする
또각또각	コツコツ
	ヒールで歩く時の音
*있는 힘을 다하다	ありったけの力を出す
노을이 비치다	夕焼けに照らされる
-이 절정에 달하다	[-が絶頂に達する] 最高潮に大きくなる
*따라가다	追いかける
*따라잡다	追いつく
안도의 한숨	安堵の一息
*피하다	避ける
*서글프다	もの悲しい
*-을 대하다	接する
*사소[些少]하다	細かい、つまらない、些細だ
신경을 쓰다	気を使う

第2課

속담 말하기
뜻풀이하기
인용하기

2과 듣고 말하기 1

*속담	ことわざ
*뺨	頬
뺨을 맞다	頬を叩かれる
*화풀이하다	八つ当たりする
기획부	企画部
영업부	営業部
*중얼거리다	独り言を言う、つぶやく
부서	部署
부장(님)	部長
혼나다	怒られる
*발 없는 말이 천 리를 간다	足のない言葉が千里を行く うわさ(言葉)はあっという間に広がるので口を慎むべきだ
*무시[無視]하다	相手にしない、気にしない
한번쯤 -지 않은 사람이 어디 있어요?	一度くらい -しない人がどこにいますか。
*얘기하자면 길어요.	話せば長くなります
과장(님)	課長
*막	やたらに
*종로에서 뺨 맞고 한강에서 화풀이한다	鍾路(ジョンノ)で頬を打たれ、ハンガンに行って当り散らす怒られたり、良くないことを経験したところでは何も言うことができないのに、他の場所に行って関係ない人にその怒りを向けること、八つ当たりすること
*소곤거리다	小さな声で話す、ささやく
으이구(=어이구)	まったく、はあ あきれたり、驚いたりするときに思わず出る感嘆詞
*호랑이도 제 말 하면 온다	トラも自分の話をするとやってくる その場にいない人について話すと、その人がその場に現れる(うわさをすれば影)

2과 말하기 1

산 넘어 산	山を越えたらまた山 何か辛いことや大変なことが起こり、その問題は解決したものの、ほっとする間もなくまた他の問題が発生し、大変な状況が続くこと(一難去ってまた一難)
길고 짧은 것은 대봐야 안다	長いのと短いのは直接当ててみないと分からない 大きい小さい、勝ち負け、上手下手など、物事の善し悪しは実際に争ってみるとか、経験してみないとわからないということ(物は試し)
세월이 약	歳月が薬

	今は辛くて苦しくても、時間が経てば自然に消えるということ
무소식이 희소식	無消息が喜消息 何か良くないことが起これば連絡が来るだろうが、特に連絡がないから元気にしているだろうという意味 (便りのないのはよい便り)
짜증	気に入らなくてちょっとのことにもすぐ怒る性質
짜증을 내다	かんしゃくを起こす、いらだちをぶつける
기운이 없다	気力がない、元気がない

2과 듣고 말하기 2

*남의 떡이 더 커 보인다	人のお餅のほうが大きく見える 何でも他人のものはよく見えるものである (隣の芝生は青い)
*번역하다	翻訳する
잔디	芝生
표현하다	表現する
고진감래[苦盡甘來]	苦しい時期があっても、やがて楽しい時期がやってくるものだ

2과 말하기 2

서두르다	急ぐ
망치다	駄目にする
능력	能力
고귀하다	高貴だ

2과 읽고 말하기 1

*금강산도 식후경	金剛山も食後の見物 ① よい働きをするには、腹ごしらえが第一である (腹が減っては軍は出来ぬ) ② 見た目がきれいなことよりも、実質的、実用的な方がよい (花より団子)
*고생 끝에 낙이 온다	苦労の末に楽が来る 現在の苦労は、将来の幸福のもとになるということ (苦は楽の種)
*가는 말이 고와야 오는 말이 곱다	行く言葉が美しければ返ってくる言葉が美しい 優しい言葉をかければやさしい言葉が返ってくる
*원숭이도 나무에서 떨어진다	猿も木から落ちる どんなに上手な人でも失敗する事がある
*세 살 버릇 여든까지 간다	三歳の癖八十歳まで 人が幼い時に身につけた習慣は、年をとっても直らない (三つ子の魂百まで、雀百まで踊り忘れず)

*그 아버지에 그 아들	その父にその息子 親の資質や生き方は子どもに引き継がれる (蛙の子は蛙)
*하나를 보면 열을 안다	一つを見れば十まで分かる 一部を見て全体が分かる
*매도 먼저 맞는 게 낫다	むちも先に打たれる者が得だどうせしなければいけないことなら、いくら難しくて大変なことでも早くした方がいい
지저분하다	汚い、散らかっている
알아맞히다	当てる、 言い当てる
점수를 얻다	点数・ポイントを得る

2과 읽고 말하기 2

시	詩
외우다	覚える
불러주다	呼んであげる/呼んでくれる
*몸짓	ジェスチャー
-에 지나지 않다	-に過ぎない、-でしかない
*빛깔	色、色彩 物が光るときに出る色
*향기[香気]	香り
*잊혀지다	忘れられる
시인	詩人
존재	存在
*그늘	影
그루	本 木を数える単位
*나무 한 그루	木一本
*눈이 부시다	眩しい
햇살	日差し
세상	世の中
방울	しずく
*한 방울 눈물	一滴の涙
*고요하다	静かだ
고통	苦痛
해당하다	該当する
시행[詩行]	詩の中で何行目かを表すときに使う言葉
극복하다	克服する
진정한 기쁨	真の喜び
슬픔을 나누다	悲しみを分かち合う
낭독하다	朗読する

第3課

계절 표현 말하기
인용하기
이유 말하기

3과 듣고 말하기 1

*정신이 맑아지다	頭がすっきりする、心が澄んでいく
*왠지	なぜか
*쓸쓸하다	寂しい
생활하기 좋다	生活しやすい
의욕이 생기다	［意欲が生じる］ やる気が出る
*입맛이 없다	食欲がない
일기예보	天気予報
구름 한 점	雲一つ
*(하늘이) 푸르다	(空が)青い
*선선하다	涼しい
*단풍이 들다	紅葉する
*낙엽이 지다	落ち葉が散る
*일이 손에 안 잡히다	仕事が手につかない
*의욕이 없다	［意欲がない］ やる気がない
*가을을 타다	秋思にふける、秋に染まる 秋になると何もやる気が起きずただ虚しく寂しい状態
*기분 전환이 되다	気分転換になる

3과 말하기 1

사계절	四季
배터리가 떨어지다	(バッテリー) の充電が無くなる
버스를 놓치다	バスを逃す

봄

*벚꽃이 피다	桜が咲く
*봄을 타다	春の雰囲気に染まる 春になってだるい気分になり、やる気が起きない状態
*화창하다	(とても天気が)いい、快晴だ
*건조하다	乾燥する
*황사가 심하다	黄砂がひどい

天気予報

꽃샘 추위	花冷え

여름

*태풍이 오다	台風が来る
*무덥다	蒸し暑い
*소나기가 내리다	にわか雨が降る
*장마가 시작되다	梅雨が始まる

*더위를 타다	暑さに参る、夏バテする
*습하다	じめじめする、湿っている
*열대야가 시작되다	熱帯夜が始まる
天気予報	
폭우	豪雨
폭염	酷暑、猛暑

가을

*건조하다	乾燥する
*단풍이 들다	紅葉する
*낙엽이 지다	落ち葉が散る
*일교차가 크다	［日較差］が大きい、朝晩の気温差が大きい
天気予報	
완연한 가을	完全な秋

겨울

*건조하다	乾燥する
*기온이 뚝 떨어지다	気温がぐっと落ちる
*추위를 타다	寒がる、寒さに弱い
*귀가 시리다	耳がしびれるほど冷たい
*손/발이 꽁꽁 얼다	手/足がカチカチになる
天気予報	
폭설	(突然の)大雪

3과 듣고 말하기 2

최고 기온	最高気温
최저 기온	最低気温
*체감 온도	体感温度
*추위가 절정에 달하다	寒さがピークに達する
*추위가 풀리다	寒さがやわらぐ
*꼼짝도 안 하다	びくともしない
*(눈이) 녹다	(雪が)溶ける
미끄럽다	つるつるしている 滑りやすい状態
나들이 가다	出かける、外出する
중부	中部
남부	南部

3과 말하기 2

전국	全国
냉방병	冷房病
기상청	気象庁
영하	零下

3과 읽고 말하기 1

소식을 전하다[消息を伝える]	近況を伝える
카카오톡	カカオトーク
트위터	ツイッター
페이스북	フェイスブック
메일을 쓰다	メールを書く
*안부	安否 元気かどうか
*용건	用件
*메일을 드리다	メールをお送りする
*다름이 아니라	他でもなく
찾아뵙다	お目にかかる
*진로	進路
*-에 진학하다	-に進学する
지도 교수님	指導教授、 指導教官
추천서	推薦書
큰 힘이 되다	大きな力になる
조만간	近いうちに、そのうちに
*환절기	季節の変わり目
*첨부하다	添付する
*정신 없이 지내다	非常に忙しく過ごす
*(시간을) 잡다	(時間を)決める
*언제 시간이 괜찮으세요?	いつ都合がいいですか。
*시간에 맞춰서	時間に合わせて
직함	肩書き
이모티콘	絵文字、(メッセージアプリの) スタンプ

3과 읽고 말하기 2

재직하다	在職する
번역가	翻訳家
수필가	随筆家、 エッセイスト
장애	障害
암 투병	癌の闘病
긍정적[肯定的]이다	前向きだ、ポジティブだ
용기를 주다	勇気をくれる
칼럼니스트	コラムニスト
운명 자루	運命の袋
메다	担ぐ
검은 돌	黒い石
흰 돌	白い石
불운	不運
-을 뜻하다	-を意味する
*살아가다	生きていく
꺼내다	取り出す
불행해지다	不幸になる
*뒷모습	後姿
자꾸	何度も
*펑펑 울다	わんわん泣く、おいおい泣く 目から涙が溢れ出るようす
제자	弟子
*어디선가	どこかで
*세계적으로	世界的に
*소리를 내다	音を出す
명품	名品
*무릎 꿇다	ひざまずく
로키 산맥	ロッキー山脈
*매섭다	冷たくて厳しい
*어쩌면	ひょっとすると
*연주하다	演奏する
더욱더	よりいっそう

第4課

설명하기
느낌 말하기
추천하기

4과 듣고 말하기 1

다큐멘터리	ドキュメンタリー
예능[芸能]	バラエティー
그대	君
*얘기가 안 통하다	話が通じない
지구	地球
최고	最高
인기	人気
여배우	女優
*벌어지다	起こる、展開される
만화	漫画
판타지적 요소[要素]	ファンタジーの要素
*흥미진진하다	興味津々だ、興味深い
*대세	トレンド、大人気 トレンドや流行の中心であること
상대 배우	相手役の俳優
*왜 이랬다 저랬다 해?	何で話をころころ変えるの?、何でああだこうだ言うの?
*무슨 소리야.	何言ってるの
*생중계	生中継
*긴장감을 느끼다	緊張を感じる
*따라다니다	追いかける、付いていく
*모르는 소리 좀 하지 마.	ろくに知りもしないで言うな
*(화면이) 끊기다	(画面が)切れる

4과 말하기 1

잠이 들다	寝付く、寝る
(영화) 영상이 아름답다	(映画)映像が美しい
OST	サウンドトラック、サントラ
*오싹하다	恐怖・寒さでぞくっとする
지루하다	退屈だ
*잔인하다	残酷だ、残忍だ
징그럽다	気味が悪い
*참신하다	斬新だ
감동적이다	感動的だ
감독	監督
팬	ファン

4과 듣고 말하기 2

*다섯 손가락 안에 들다	ベスト5に入る
로맨틱 코미디	ロマンティックコメディー
스턴트 우먼	女性のスタントマン
마법	魔法
영혼	魂
주인공	主人公
*연기하다	演技する
*배꼽이 빠지는 줄 알았어요.	[へそが抜けるかと思いました] 笑いすぎてお腹が痛かったです。
*전용 도로	専用道路
*뿌듯하다	胸がいっぱい、嬉しい気持ちで心が満たされる 一生懸命に頑張った後、その結果を見て満足感を感じる際に使う
등산객	登山客

4과 말하기 2

목록	目録、リスト

4과 읽고 말하기 1

*(관람) 후기 [後記]	(観覧) 感想文
의상	衣装
무대	舞台
가슴이 떨리다	胸がときめく
압권이다	圧巻だ
공양미	供米 仏さまに供物として捧げる米
삼백 석	300百石 石 : 俵を数える単位、1石＝米144kg
바치다	捧げる
*평이 좋다	評判がいい、評価がいい
*별 기대 없이	特に期待しないで
*눈을 뜨다	目を開ける
효녀	親孝行娘
*낯설다	見慣れない
*빠져들다	のめりこむ
*화려하다	派手だ
*눈을 뗄 수 없다	目を離すことができない
*-이 어우러지다	和する、一緒になる(調和して一つになる)
이벤트	イベント
이벤트에 당첨[当籤]되다	イベントに当たる
발레	バレエ
*기대 이상이다	期待以上だ
군무	群舞

*역동적이다	力動的だ、ダイナミックだ
*영상	映像
*실감나다	まるで本当かのように感じる、実感が沸く
*인상적이다	印象的だ
*성공적 [成功的] 이다	うまくいく、成功する

4과 읽고 말하기 2

DMZ	軍事境界線を中心とした両側2kmの非武装地帯のことで、6400万坪もの。広大な区域を南北100万人近い軍人によって守られている。
한국 전쟁	朝鮮戦争
민족 분단	民族の分断
*상징적이다	象徴的だ
*차례[茶禮]를 지내다	祭祀をする 陰暦の元旦や秋夕などに祖先の位牌を安置した廟や祠堂で行う簡単な祭祀
실향민[失鄕民]	故郷を失って他郷に住む民、自分の意志にかかわりなく自国の国境外に住んでいる一般市民
포로	捕虜
땅굴	土牢 土をほって作った牢 제3땅굴[第三トンネル] 北朝鮮が極秘で掘った韓国に攻め入るためのトンネルの一つである。現在までに既に4つのトンネルが発見されている。この第3トンネルは長さ1635m、幅2m、高さ2mでソウルから52kmの地点に位置する。
터널	トンネル
*방해	妨害、邪魔
근교	近郊
망원경	望遠鏡
가까이	近く
*안타깝다	残念だ、もどかしい、気の毒だ
*마음이 무겁다	心が重い
*(가슴이) 뭉클하다	(悲しみのような感情が)胸にぐっとくる
*한산하다	閑散とする
통일	統一
휴전협정	休戦協定
*감독하다	監督する
공동경비구역	共同警備区域
*엄격하다	厳格だ、厳しい
*통제하다	統制する
*분위기가 살벌하다	雰囲気が殺伐とする、雰囲気がとても冷たくて怖い うるおいやあたたかみの感じられないさま

第5課 회상하기 가정하기

5과 듣고 말하기 1

느리다	遅い
늘	いつも
*시간이 흐르다	時間が流れる
*마음을 졸이다	気をもむ、やきもきする
*부둥켜안다	ぎゅっと抱きしめる
*만만치 않다	手やすくない、手ごわい
*철없이	子供っぽく、思慮分別なく
쓰리다	ちくちく痛む
안줏거리	おつまみ、おかず
딴에는	自分としては、自分なりには
*무너지다	崩れる
옛말	古語
*밤새우다	夜明かしする
*뒤척이다	(寝付けず)寝返りをうつ
*잠이 들다	寝付く
술잔을 나누다	さかずきを交わす

5과 말하기 1

고등학교	高等学校
초등학생	小学生
대통령	大統領
부자	お金持ち
완성하다	完成する
취업 준비	就職の準備

5과 듣고 말하기 2

-에 만족하다	-に満足する
현실	現実
*꿈이 현실이 되다	夢が現実になる
*-으로 꾸미다	-で飾る
*책장	本棚
*구체적이다	具体的だ

5과 읽고 말하기 1

소꿉 놀이	ままごと
인형 놀이	人形遊び
전자 오락[電子娯樂]	ゲーム機で遊ぶこと
보드 게임	ボードゲーム
딱지치기	めんこ遊び
공기놀이	石な子遊び、お手玉遊び石をまき、その中の一つを投げ上げておいて、下の石を拾い、落ちてくる石をつかみ取って、順に拾い尽くす遊び
*무척	非常に
*시간 가는 줄 모르다	時間が経つのも分からない
공기	葡萄くらいの大きさの小石
*집다	(指などで)つまむ
*던지다	投げる、撒く
*손바닥	手のひら
꺾기	(向きを)変えること
*재빨리	すばやく
*손등	手の甲
*점수	点数
딱지	めんこ
*접다	折る
가위바위보	じゃんけん
*순서를 정하다	順番を決める
지다	負ける
이기다	勝つ
*-이 뒤집히다	-がひっくり返る
따다	取る、自分のものにする
튼튼하다	丈夫だ
술래	鬼
*세다	数える
*-이 잡히다	-が捕まる
*잡다	捕まえる

5과 읽고 말하기 2

*해내다	やり遂げる
*극복하다	克服する
*용기를 잃다	勇気を無くす
*현명하다	賢明だ
*고집[固執]이 세다	我が強い、こだわりが強い
방송	放送
대상	大賞
*유능하다	有能だ
앵커	ニュースのアナウンサー

*목표를 정하다	目標を定める
눈높이	目の高さ
*잘해 주다	よくしてくれる
*다수	多数
*소수	少数
*희망	希望
*미소를 짓다	微笑む
배우자	配偶者
조건	条件
부모	親

第6課

불만 말하기
문제 개선 요청하기
부가 설명하기

6과 듣고 말하기 1

고객 서비스 센터	顧客サービスセンター
음성 안내	音声案内
배송	配送
조회	照会
비회원	非会員
*별표	*アスタリスク
구매	購買、購入
결제	決済
문의	問い合わせ
취소	取り消し
기타	その他
*샵 버튼	シャープボタン、#
얼룩이 묻어 있다	しみがついている
*-이 구겨져 있다	-がしわくちゃになっている
*바느질	裁縫
*엉망이다	めちゃくちゃだ
반품하다	返品する
베이지 색	ベージュ (色)
실제로 보다	実際に見る
제품	製品
상자	箱
*-이 적혀 있다	-が書いてある
*부담하다	負担する
모니터	モニター
*문의 사항	問い合わせ事項
*제조 업체	製造会社
불편을 드리다	ご不便をおかけする

6과 말하기 1

용돈	小遣い
교통 신호[交通信号]	信号
벌금을 내다	罰金を出す
수업이 폐강되다	授業が閉講する 開設されるはずだった授業が行われなくなること
개강	開講
최소한	最小限
옷을 맡기다	服を預ける
리본	リボン

수선비[修繕費]	修理代
저희 쪽	こちら
택배	宅配
요청하다	要請する、お願いする

6과 듣고 말하기 2

숙박시설	宿、宿泊施設
펜션	ペンション キッチンの付いたリゾートホテル
콘도	コンドミニアム
게스트 하우스	ゲストハウス
민박	民宿
배낭 여행객	バックパッカー客
*길가	道沿い
소음	騒音
심하다	ひどい、はなはだしい
*(손님이) 차다	(お客さんが)いっぱいになる
*(방이) 비다	(部屋が)空く
체크 아웃을 하다	チェックアウトをする
요금	料金
문화센터	文化センター
주민센터	住民センター
*인원	人数
*모집	募集
*헛걸음하다	無駄足を踏む

6과 말하기 2

싸구려	(値打ちのない)安物
담당자	担当者
제대로	きちんと、まともに
작동이 안 되다	作動しない
판매점	販売店
보상을 받다	補償をうける
감정적으로	感情的に
억양	抑揚、イントネーション
논리적으로	論理的に

6과 읽고 말하기 1

불만 사항[事項]	不満な点
불량	不良
색상[色狀]	色合い
*귀사	貴社
*소비자	消費者
*주문량	注文量

더 이상	これ以上
*-을 실망시키다	-を失望させる、-をガッカリさせる
한 사이즈 작다/크다	ワンサイズ小さい/大きい
상품 평을 남기다	商品について評価を残す、商品について口コミを書く
*일일이	いちいち
*체크하다	チェックする
*게다가	さらに
*비용	費用
답변	返信

6과 읽고 말하기 2

불편 사항 [不便事項]	困った点や不満な点
한국관광공사	韓国観光公社
-을 대상으로 조사하다	-を対象に調査する
중복 응답	重複応答
단위	単位
언어 소통[言語疎通]	言葉が通じること
바가지 요금	ぼったくりの料金
실태 조사	実態調査
*만족도를 높이다	満足度を高める
*개선하다	改善する
*증가하다	増加する
*영향	影響
(한국 방문의 해)를 맞아	(韓国訪問の年)を迎え
즐겨 찾다	よく行く、よく訪ねる
*-을 벗어나다	(場所)を離れる
*표지판	表示板
제대로 된 번역	きちんとした翻訳、正しい翻訳
바람	望み、要望
*바가지를 쓰다	ぼったくられる
*겪다	経験する
종종	時々
*불쾌하다	不愉快だ、不快だ
*따지다	問いただす
*정부	政府
*단속하다	取り締まる
*대규모	大規模
*(행사를) 유치하다	(行事、催しを)誘致する
치안	治安
*긍정적이다	肯定的だ
*부정적이다	否定的だ
*평가를 하다	評価をする

第7課 사건·사고 말하기 정보 전달하기

7과 듣고 말하기 1

*정차하다	停車する
*-이 발생하다	-が発生する
선발하다	選抜する
추돌하다	追突する
기록하다	記録する
중단하다	中断する
*화재	火災
-여	-余り
옥상	屋上
대기하다	待機する
대피하다	待避する、避難する
*-이 침수되다	-が浸水する
추락하다	墜落する
우수하다	優秀だ
*들이받다	突く、ぶつける
기계	機械
(물에) 잠기다	(水に)浸る
처리	処理
예방	予防
대책	対策
규모	規模
원인	原因
물음에 답하다	問いに答える
알맞다	相応しい
곳곳	所々
결항	欠航
서부 지역	西部地域
중부 지역	中部地域
남부 지역	南部地域
*(비가) 그치다	(雨が)やむ
승객	乗客
승용차	乗用車
*연속으로	連続で
*음주 운전	飲酒運転
*추돌 사고	追突事故
직후	直後
*인명[人命] 피해	人的被害
*재산[財産] 피해	経済的被害
*목격자	目撃者

*연기가 나다	煙が出る
*원인을 밝히다	原因を明かす
*-이 쏟아지다	-が降りしきる
*한때	一時
시간당	時間当たり
기상청	気象庁
채	建物を数える単位

7과 말하기 1

요금이 인상되다	料金が上がる
이직[移職]을 희망하다	転職を希望する
수면	睡眠
평균	平均
요금이 오르다	料金が上がる
즐거움을 선물하다	楽しみをプレゼントする、楽しい心をプレゼントする
파업	ストライキ
입사	入社
몸무게	体重
포털 사이트	ポータルサイト
미만	未満
응답자	応答者
운동량	運動量
폭식	暴食
과반수	過半数
체중 조절	体重の調節
야식	夜食
(모임을) 피하다	(集まりを)避ける

7과 듣고 말하기 2

효율성	効率(性)
업무 효율성	業務の効率(性)
이른 아침	早朝、早い朝
국민	国民
청년층	青年層
뇌	脳
영양소	栄養素
공급되다	供給される
*기억력	記憶力
*집중력	集中力
*과식	過食
*비만	肥満
*예방하다	予防する

7과 읽고 말하기 1

뉴스를 접하다	ニュースに接する
정치	政治
경제	経済
국제	国際
사설 / 칼럼(=컬럼)	社説/コラム
*혼잡하다	混雑する、込む
부상	負傷
사망	死亡
*숨지다	死ぬ
*졸음 운전	居眠り運転
*전기 누전	電気漏電
*주방 기구	厨房器具
*불꽃	火花
*몇몇	いくつか、何人か
*항의하다	抗議する
*요구하다	要求する
*쓰러지다	倒れる
*밀리다	押される
부상자	負傷者
*거꾸로	反対方向に
*(지하철) 측	(地下鉄)側
*정상적으로 작동하다	正常的に作動する

7과 읽고 말하기 2

*복권	宝くじ
*-에 당첨되다	-に当たる
*-을 역전시키다	-を逆転させる
*대박	大当たり、すごい
*고액	高額
당첨금	当選金
*파산하다	破産する
*흥청망청 쓰다	(金を)じゃんじゃん使う
*이혼하다	離婚する
*알코올 중독자	アルコール中毒者
정상적[正常的]이다	正常だ
*자선 단체	慈善団体
기부하다	寄付する
*가깝게 지내다	親しく過ごす
*멀어지다	遠くなる、遠ざかる
*성실하다	誠実だ
로또	ロト

*골고루	均等に、まんべんなく
골고루 나눠 주다	均等に分けてあげる
일확천금	一攫千金
최소	最小
조언을 구하다	助言を求める

第8課 비교하기

8과 듣고 말하기 1

아리랑	アリラン
*잔잔하다	静かだ、穏やかだ
*흥겹다	興に乗る、非常に楽しい
웅장하다	勇壮だ
멜로디	メロディー
전해 내려오다	伝わってくる
민요	民謡
*험하다	険しい
*농사를 짓다	農耕する
*가난하다	貧乏だ
쌀	米
어업	漁業
여유롭다	余裕だ、ゆとりがある
발달하다	発達する
*템포가 빠르다	テンポが速い
비교하다	比較する、比べる

8과 말하기 1

(단풍) 시기	(紅葉)時期
지형	地形
수명	寿命
막차	終車、終電
인구	人口
모범 택시[模範タクシー]	一般のタクシーよりも高級車のタクシー 料金が一般タクシーよりも高い
속도	速度
평균 기온	平均気温
태블릿 PC	タブレットPC
문서 작성	文章作成、ワード作成

8과 듣고 말하기 2

퀴즈를 풀다	クイズを解く
스티커	シール、ステッカー
추가 정보	追加情報

명절	名節
	伝統的な祝日
*추수감사절[秋收感謝節]	THANKS GIVING、サンクスギビングデイ
*(한국) 최대	(韓国)最大
*음력	陰暦
양력	陽暦
*조상	先祖
*(마음을) 담다	(心を)こめる
*풍습	風習
*-이 매진되다	-が売り切れる
강강술래	女性が集まって円陣を組んでぐるぐる踊り舞う舞踊
씨름	シルム、韓国の相撲
예전에 비해서	以前と比べ、昔と比べ
*소원을 빌다	願いを祈る
추수를 마치다	刈り入れが終わる
신	神様
감사를 드리다	感謝をする
기념하다	記念する
칠면조	七面鳥、ターキー
호박 파이	かぼちゃのパイ

8과 읽고 말하기 1

*모래	砂
*진흙	泥土
*해마다	毎年、一年ごとに
*체험을 하다	体験をする
체험장	体験場
*-이 마련되어 있다	-が用意されている、-が準備されている
미끄럼틀	滑り台
미끄럼을 타다	滑り台に乗る
*-에 몸을 던지다	-に体を投げる
*어느새	いつの間にか
*스트레스가 싹 날아가다	ストレスがさっと飛んでいく
*동시에	同時に
불꽃놀이	花火
*(축제가) 펼쳐지다	(祭りが)広がる
온몸	体中
-에 바르다	-に塗る
산천어	ヤマメ
낚시터	釣り場
구멍을 뚫다	穴を開ける
(물속에) 뛰어들다	(水の中に) 飛び込む
*맨손	素手
*요리조리 피하다	あっちこっちに避ける
쫓아다니다	後を追う

*사라지다	消える
*-이 갖춰져 있다	-が備わっている
썰매타기	ソリにのる
봅슬레이	ボブスレー
*-을 만끽하다	-を満喫する
*-이 가득하다	-がいっぱいだ、-が満ち溢れている
검색하다	検索する

8과 읽고 말하기 2

면	麵
메밀	そば
*담백하다	淡泊だ
육수	肉汁、肉でとっただし汁
*매콤하다	適度に辛い
*푹푹 찌다	むしむしする
살짝	少しだけ
살짝 얼다	少しだけ凍る
동치미	トンチミ 大根を丸ごと, あるいは大きく切って塩水に漬けた汁の多いキムチの一種
*더위를 쫓다	暑さを追い払う、暑気払いをする
자리를 잡다	地位を獲得する、地位をしめる
등장	登場
인기를 얻다	人気を得る
피난민	避難民
*새콤하다	やや酸っぱい
각각	各々
*차이점[差異点]	相違点、違うところ
*가늘다	細い
*쫄깃하다	もちもちする 弾力性があって簡単に噛み切れない
*굵다	太い
-을 얹다	-を乗せる
*-에 지치다	-に飽き飽きする、くたびれる
*입맛을 살리다	食欲をそそる
이와 달리	これと違って
지리적인 특징	地理的な特徴
-에 위치하다	-に位置する
*차갑다	冷たい
별미[別味]	他のところでは味わえない特別で珍しいものの味
별미 중의 별미	珍味中の珍味
이겨 내다	耐え抜く

追加文法

第1課

듣고 말하기 1

1. -곤 하다

同じ動作や状況が繰り返し行われたり、習慣的なことを表すのに用いる。

예) ① 뭐든지 빨리빨리 하는 한국 사람 때문에 놀라곤 하는데요.
② 주말에는 보통 친구를 만나서 얘기하거나 공연을 보러 가곤 해요.

2. -지요

ある事実や意見を話し手が確信して発言するときにいられる。主に聞いた話に対して意見を述べるときに使う。

예) ① A : 손님이 20분 기다릴 수 있는지 걱정하는 걸 보고 놀랐어요.
B : 네. AS가 좀 빠른 편이지요.
② A : 한국 사람들은 야구를 좋아하는 것 같아요.
B : 야구보다 축구를 더 좋아하지요.

읽고 말하기 1

1. -아/어 보이다

実際に目で見て判断が可能な形容詞とのみ使われ、視覚から得た情報で判断したり、あるいはそれがどうであるかを推量して述べるときに使われる。

예) ① 방은 생각보다 좀 작고 침대가 없어서 조금 불편해 보였다.
② 아주머니는 무뚝뚝하고 무서워 보이지만 인정이 많고 따뜻한 분이시다.

2. -긴 하다

相手が「予想した結果や期待していたことと違う」ことを述べるときに使われる。

예) ① 집이 마음에 들긴 했지만 이렇게 무례한 아주머니와 살 수 없겠다는 생각이 들었다.
② 지난 번 집은 깨끗하긴 했지만 값이 비쌌어요.

듣고 말하기 2

1. -기 시작하다

動詞とともに用い、その動作や出来事の開始を表す。

예) ① 제가 한국어를 처음 배우기 시작했을 때 만난 친구예요.
② 아이가 갑자기 울기 시작했어요.

2. 명사 때문에

理由や原因を表す。

예) ① 오늘 말씀 드리려고 하는 이야기는 이 친구 때문에 생긴 에피소드예요.
② 처음 한국에 왔을 때는 음식 때문에 많이 힘들었는데 지금은 다 잘 먹어요.

읽고 말하기 2

1. -기 싫다/쉽다

'-기'には動詞を名詞化する機能があり、動詞が文の主語や目的語になる場合に用いられる。述語に'싫다'、'쉽다'、'어렵다'、'편하다'など、主に感情を表す表現を伴って用いられることが多い。

예) ① 걸을 때마다 나는 소리가 아주 듣기 싫었다.
② 두 세 걸음을 따라잡기가 쉽지 않았다.

2. -으며

前の文と後ろの文の動作が同時に起きるときに使われる。 '으면서'と同じ意味になる。

예) ① 자기를 겁주려고 내가 그렇게 소리를 내며 걷는 줄 아는 것 같았다.
② 일을 하며 공부를 하는 것은 아주 힘든 일이다.

3. -은/는 줄 알다

ある事実に対する話し手の期待や予測が、実際の事実と違っていたことを表す。

예) ① 자기를 겁주려고 내가 그렇게 소리를 내며 걷는 줄 아는 것 같았다.
② 극장에 사람이 많아서 영화가 재미있는 줄 알았는데 너무 재미가 없었다.

4. -아/어 버리다

話し手が意志をもってある行為をやり遂げ、そのことで負担に思っていた気持ちが解消されることを表す。

예) A : 주말에 뭐 하실 거예요?
B : 친구와 이야기도 하고 맛있는 것도 먹으면서 한국어 공부 스트레스를 풀어 버릴 거예요.

第2課

듣고 말하기 1

1. -다고 하더니

人が言ったことを引用して述べた後に、それに対する話し手の意見を述べるのに用いられる。

예) ① 발 없는 말이 천 리를 간다고 하더니 정말이네요.
② 단풍은 내장산이 최고라고 하더니 정말이네요.

듣고 말하기 2

1. -아/어서 그런지

確実ではないが前の理由のために後ろの結果が起こるようだと推測して話すときに使う。

예) ① 새 거라서 그런지 알렉스 씨 게 더 좋아 보이는데요.
② 비가 와서 그런지 결석한 학생이 많네요.

읽고 말하기 2

1. 명사에게로

「-한테로」と同じく、人や動物などの名詞の後に付いて「それに接近する」の意を表す。書き言葉的な表現。

예) ① 그는 나에게로 와서 꽃이 되었다.
② 부장님께서 갑자기 준수 씨를 불러서 모든 관심이 준수 씨에게로 집중됐다.

2. -아/어 다오

「-아/어 줘」と同じ意味で、時代劇や詩、歌詞などに使われることが多い。

예) ① 누가 나의 이름을 불러 다오.
② 나를 위해 노래를 불러 다오.

3. 얼마나 -은/는가

喜びや悲しみ、希望などを表す表現を伴い、その程度が普通の程度を超えていることを詠嘆をこめて述べる言い方。詩や歌詞などに使われることが多い。

예) ① 가을 하늘은 얼마나 높고 푸른가!
② 어린 아이의 미소는 얼마나 맑고 순수한가!

第3課

듣고 말하기 1

1. -다더니

'-다고 하더니'の縮約形。 人が言ったことを引用して述べた後に、それに対する話し手の意見を述べるのに用いられる。

예) ① 일기예보에서 날씨 좋다더니 정말 좋은데요.
② 비가 온다더니 화창한데요.

2. -지도 -지도 않다

大きい、小さいのような一対になる言葉を取り上げて、それらのどちらでもないという意味を表す。

예) ① 가을에는 날씨가 덥지도 춥지도 않아서 생활하기 좋잖아요.
② 루이 씨 하숙집 방은 크지도 작지도 않아요.

3. -은가/나 보다

話し手が見たり聞いたりした出来事や情報に基づいて話し手の推測を述べるときに用いられる。

예) ① 준수 씨가 가을을 타나 봐요.
② 길이 많이 막혔나 봐요?

읽고 말하기 1

1. -기 바라다

話し手の望みや希望を表す。動詞とともに用いる。

예) ① 환절기에 건강하시기 바랍니다.
② 새해 복 많이 받으시기 바랍니다.

2. -고 보다

先行の動作が完了した後、その結果を待ってみるという意味で使われる。

> **예)** ① 지나고 보니까 그때가 참 행복했던 시간인 것 같아요.
> ② 알고 보면 나쁜 사람이 별로 없어요.

3. -을까 하다

これから起こる動作に対する推測を表す。

> **예)** ① 교수님께서 추천서를 쓰실 때 도움이 될까 해서 자기 소개서를 첨부합니다.
> ② 친구에게 힘이 될까 해서 편지를 썼어요.

4. -거든요

理由や根拠となる話し手の考えを表したり、ある事実を説明するときに用いられる。

> **예)** ① 인사도 못 드리고 떠나서 죄송했거든요.
> ② 오늘 우리 반 모임에 참석 못 할 것 같아요. 아르바이트를 해야 하거든요.

듣고 말하기 2

1. -더라고요

話し手が経験したり、感じたことを回想しながら報告するときに用い、後ろに含みを持たせて省略した表現。

> **예)** ① 어제 영화를 보는데 제가 좋아하는 가수의 노래가 나오더라고요.
> ② 시험이 아주 어려울 줄 알았는데 생각보다 쉽더라고요

읽고 말하기 2

1. -는다

くだけた形の話しことば的表現として用いられる。

> **예)** ① 너의 뒷모습이 자꾸 떠올라서 오늘밤 너에게 편지를 쓴다.
> ② 이 편지를 받으면 바로 나에게 답장을 보내 주기 바란다.

2. -기도 하다

時々あるいはたまに何かの出来事が生じることを表す。頻度の多い出来事には使えない。

예) ① 어떤 때는 불행해지기도 하고 또 어떤 때는 크고 작은 행운으로 행복해지기도 하는 거지.
② 기분이 안 좋을 때는 음악을 듣기도 하고 혼자 여행을 가기도 한다.

3. -아/어라

命令を表す。目下や同等の人に対して使う。

예) ① 힘내라!
② 울지 마라!

第4課

듣고 말하기 1

1. -다니까

親しい間柄同士のくだけた会話で、話し手の主張を強調するときに使われる。自分の主張が通じなくて話し手が少しいらだっているような場合に用いられる。

예) ① 나중에 보면 긴장감이 없어서 안 된다니까!
② A : 20분만 더 있다가 출발하면 안 돼? 경치를 조금 더 구경하고 싶어.
B : 친구와 이야기도 하고 맛있는 것도 먹으면서 한국어 공부 스트레스를 풀어 버릴 거예요.

追加文法

읽고 말하기 1

1. -다고 하면서

同時に起こる「会話文+動作」を連結させるときや続けざまに起こる「会話文+会話文」を連結させるときに用いる。

예) ① 준수 씨한테 같이 등산 가자고 했더니 바쁘다고 하면서 거절했어요.
② 민정 씨는 어제 본 영화가 감동적이었다고 하면서 나한테 꼭 보라고 추천했다.

듣고 말하기 2

1. -느라고

同じ時間帯にかち合う2つのある動作が選択肢となり、「そのうちのどちらか一方を選んだことで否定的な結果を招いた」という意味を表す。

예) A : 요즘 어떻게 지내세요?
B : 매일 바빠요. 아이들 돌보느라고 정신이 없어요.

읽고 말하기2

1. -고 나서

先行する動作が完了した後に、次の動作が起こることを表す。

예) ① 우리는 임진각을 둘러보고 나서 제3땅굴로 이동했습니다.
② 학교를 졸업하고 나서 유학을 갈 거예요.

第5課

듣고 말하기 1

1. -고서

二つ以上の動作が続くとき、一つの動作が終わって次の動作に移ることを表す。

예) ① 합격자 발표 날에 부둥켜안고서 이제는 고생 끝 행복이다 내 세상이 왔다 그땐 그랬지
② 우리는 서로 손을 잡고서 춤을 췄어요.

2. 명사란

'-라는 것은'の縮約形で、単語、語句、文の意味の定義、説明、解釈を示す表現。

예) ① 참 옛말이란 틀린 게 없더군.
② 사람의 마음이라는 것은 정말 쉽게 변하는군요.

3. -더군

経験したことを思い出したり、それに対する感じを独り言のように表す表現。

예) ① 참 세상이란 만만치 않더군.
② 소영 씨 생일 때 내가 직접 만든 카드를 줬더니 기뻐하더군.

읽고 말하기 2

1. -아/어 내다

動作の完了を表し、「難しくてもその行為を最後まで努力してやり遂げる」という意味合いが含まれている。

예) ① 김 교수는 오랫동안 연구한 결과 암을 치료할 수 있는 약을 개발해 냈다.
② 베토벤은 소리를 들을 수 없었지만 어려움을 극복하고 아름다운 음악을 만들어 냈다.

2. -았/었을 텐데

話し手が何らかの根拠に基づいて判断した過去の出来事を述べるときに用いられる。

예) A : 영화가 벌써 시작했을 텐데 극장 안으로 들어갈 수 있을까요?
B : 2분밖에 안 지났으니까 들어갈 수 있을 것 같은데요.

3. -았/었지

過去の出来事に関して感慨をこめて回想するのに用いたり、自分に確認するような気分で独り言を言うときに使う。

예) ① 어릴 때는 항상 바닷가에서 달리기를 하면서 놀았지.
② 처음 한국어를 배울 때는 실수를 많이 했지.

4. 명사을 통해서

人や物事、動作を表す名詞などを受け、「それを仲立ちや手段にして」という意味を表す。それによって知識や経験などを得ることを述べるときに使う。

예) ① 한국 드라마와 영화를 통해서 한국 문화를 배울 수 있어요.
② 배낭여행이 힘들긴 했지만 그 여행을 통해서 배운 것이 많아요.

第6課

듣고 말하기 1

1. -에 따라서

-にしたがって、-によって

예) ① 모니터에 따라서 색깔이 조금 다르게 보일 수 있습니다.
② 날씨에 따라서 소풍 장소가 바뀔 수도 있어요.

2. -나요?

ある事柄について不満がある場合、丁寧に問いただすときに使う。

예) ① 저는 SG 쇼핑을 믿고 물건을 구입했는데 왜 제가 제조 업체에 전화를 해야 하나요?
② 그쪽에서 실수를 했는데 왜 제가 사과를 해야 하나요?

읽고 말하기 1

1. -도록

ある状態や状況を成立するために「ーするように」という意味を表す。

예) ① 소비자가 믿고 살 수 있도록 소비자와의 약속을 지켜야 한다고 생각합니다.
② 학생들이 이해할 수 있도록 천천히 말씀해 주십시오.

2. -자마자

前後の行動がほとんど同時に起こるときに使う。

예) ① 집을 나서자마자 비가 오기 시작했다.
② 날씨가 너무 더워서 집에 들어가자마자 물을 마셨다.

읽고 말하기 2

1. -으려면

先行文の動作をしようとするなら、必ず後続文の動作がその条件になることを表す。

예) ① 외국인 관광객의 만족도를 높이려면 이러한 불편 사항을 하루빨리 개선해야 할 것이다.
② 서비스를 개선하려면 고객들의 의견을 듣고 참고해야 한다.

第7課

듣고 말하기 1

1. -으로 인한

-による。原因を表す。

예) ① 이 사고는 승용차 운전자 이 모 씨의 음주 운전으로 인한 추돌사고였다고 합니다.
②

2. -으나

'지만'と同じく逆説を表し、主に書きことばや改まった話しことばで用いられる。

예) ① 인명 피해는 없었으나 500여 만원의 재산 피해가 있는 것으로 나타났습니다.
② 소영 씨는 열심히 공부했으나 시험에 합격하지 못했다.

3. -기 위해

-するために。目的を表す。

예) ① 현재 경찰은 정확한 화재 원인을 밝히기 위해 조사 중이라고 합니다.
② 우리 모두 좋은 세상을 만들기 위해 노력하고 있습니다.

듣고 말하기 2

1. -기 때문에

結果に対する原因や理由を表す表現で特にその原因や理由を具体的に特定して指摘する感じがある。

예) ① 과식이나 간식을 줄여 비만을 예방할 수 있기 때문에 아침을 꼭 먹으라고 조언합니다.
② 저는 한국에서 살고 있기 때문에 한국 생활에 익숙합니다.

읽고 말하기2

1. -자

前の動作や出来事が作用し、次の動作や状況を引き起こすことを表す。(-とすぐ、-するや(いなや)

예) ① 선생님이 오시자 교실이 조용해졌다.
② 스테판 씨 이야기를 하자 모두 웃기 시작했다.

듣고 말하기 1

1. -아/어 오다

変化や動作が過去から続いて今に至ることを表す。

예) ① 브라이언 배리 씨는 오랫동안 탱화를 그려 오셨다.
② 아버지께서 젊었을 때부터 소중하게 간직해 온 책을 저에게 주셨어요.

Student's Book の解答

1과

1과 듣고 말하기 1

가.
① ×
② O
③ O
④ O
⑤ ×

나.
① 생일인 동료가 혼자 계산을 다 했대요.
② 돌아가면서 내는 것은 한 사람이 밥을 사면 다른 한 사람이 커피를 사고 오늘 어떤 사람이 돈을 내면 다음에 만났을 때 다른 사람이 내는 거래요.
③ 진행자는 모임에 따라 한 사람이 다 내기도 하고 각자 내기도 하니까 그때그때 상황에 맞게 내면 된대요.
④ 루이 씨는 한국 사람들이 빨리빨리 하는 것을 좋아하는 것 같대요.
⑤ 핸드폰이 고장이 나서 A·S를 맡기러 갔는데 센터 직원이 20분을 기다릴 수 있는지 걱정하는 걸 보고 놀랐대요.

다.
① 한번은
② 부담스러울까 봐

1과 읽고 말하기 1

나.
① 온돌방이 따뜻하고 깨끗해서 마음에 들었대요.
② 노크도 없이 들어오셔서 둘러보시고 미안하다는 말도 없이 그냥 나가셔서 너무 화가 났대요.
③ 거기에 가면 화장품에 대해 편하게 물어볼 수도 있고 항상 갈 때마다 사은품을 받을 수 있기 때문이래요.
④ 갑자기 가게 점원이 나와서 어떤 화장품을 찾냐고 하면서 중국말로 친절하게 말을 걸더니 페이 씨의 팔을 잡고 가게 안으로 안내했대요.
⑤ 한국에서 화장실에 갈 때 남녀 공용 화장실인지 아닌지, 아주머니가 청소하는지 먼저 확인하는 버릇이 생겼대요.

1과 읽고 말하기 2

가.
① O
② O
③ ×
④ ×
⑤ △

나.
① 징이 있어야 오래 신을 수 있다고 생각해서요.
② 여자는 글쓴이가 겁주려고 소리를 내면서 걷는 줄 알고 빨리 걸었고, 글쓴이는 여자를 앞질러 가려고 빨리 걸었대요.
③ 여자가 글쓴이를 이상한 사람으로 알고 있을 거라고 생각하니 서글펐대요.
④ 사람은 아주 사소한 것에 신경을 쓰며 살아야 된다는 것을 알게 됐어요.

2과

2과 듣고 말하기 1

가.
① O
② ×
③ ×
④ ×
⑤ O

나.
① 다른 부서 사람들이 다 알고 있기 때문이에요.
② 한 번쯤 직장 상사를 욕하지 않은 사람이 어디 있냐고 했어요.
③ 어제 부장님이 사장님한테 갔다 오시더니 과장님한테 막 화를 내셔서 준수 씨가 소곤거렸는데 부장님이 그걸 듣고 화를 내셨대요.
④ 종로에서 뺨 맞고 한강에서 화풀이한다고 소곤거렸대요.

⑤ 호랑이도 제 말 하면 온다고 하면서 부장님 오시기 전에 빨리 들어가자고 했어요.

다.
① 중얼거리고
② 신경 쓰지

2과 읽고 말하기 1

나.
① 원숭이도 나무에서 떨어진다
② 금강산도 식후경이라
③ 가는 말이 고와야 오는 말이 곱다
④ 고생 끝에 낙이 온다

2과 읽고 말하기 2

꽃

가.
① 내가 그의 이름을 불러 주기 전에는 / 그는 다만 / 하나의 몸짓에 지나지 않았다.
② 내가 그의 이름을 불러 주었을 때 / 그는 나에게로 와서 / 꽃이 되었다.

나.
①
-어떤 대상에 대해 관심을 가진다는 뜻이에요.
-나에게 아름답고 소중한 존재가 되었다는 뜻이에요.
-우리들은 모두 서로에게 소중하고 의미 있는 존재가 되고 싶다는 뜻이에요.

내가 사랑하는 사람

가.
① 기쁨도 눈물이 없으면 기쁨이 아니다.
② 다른 사람의 눈물을 닦아 주는 사람의 모습은 / 그 얼마나 고요한 아름다움인가.

나.
①
-슬픔이나 고통을 당한 사람들을 위로해 줄 수 있는 사람을 뜻해요.
-아픔이나 상처가 없는 사람을 뜻해요.

3과

3과 듣고 말하기 1

가.
① ×
② O
③ ×
④ O
⑤ △

나.
① 날씨가 좋고 구름 한 점 없이 하늘이 푸르대요.
② 겨울을 좋아한대요. 겨울에 찬 공기를 마시면 정신이 맑아지는 것 같고 스키랑 스노보드를 탈 수 있어서 좋아한대요.
③ 날씨가 덥지도 춥지도 않아서 생활하기 좋고 공기도 맑고 날씨도 선선해서 기분이 좋대요.
④ 준수 씨가 왠지 쓸쓸해지고 일도 손에 안 잡히고 입맛도 없고 모든 일에 의욕이 없어진다고 해서요.
⑤ 기분 전환이 될지도 모르니까 유명한 가수들 콘서트에 같이 가자고 했어요.

다.
① 선선해서
② 들어서

3과 읽고 말하기 1

메일1

가.
① ×
② O
③ ×

나.
1. 오늘 제가 메일을 드리는 것은 다름이 아니라 교수님께 한 가지 부탁을 드리고 싶어서입니다.
2. 교수님께서 추천서를 쓰실 때 도움이 될까 해서 자기 소개서를 첨부했대요.
3. 교수님 추천서 잘 받았습니다. 바쁘신데 이렇게 좋은 추천서를 써 주셔서 감사합니다.
   조만간 직접 찾아뵙고 감사 인사 드리겠습니다.
   그럼 안녕히 계십시오. 페이 올림

메일2

가.

① ×

② O

③ ×

나.

① 3개월 일정으로 한국에 출장을 오게 됐대요.

② 한스 씨는 선생님께서 도와주시고 격려해 주셨는데 급한 일이 생기는 바람에 인사도 못 드리고 떠나서 선생님을 만나고 싶어해요.

③ 많이 바쁘시다는 것을 알지만 꼭 선생님을 만나 뵙고 싶은데...... 언제 시간이 괜찮으세요? 선생님께서 편한 시간을 알려 주시면 그 시간에 맞춰 찾아뵙겠습니다.

3과 읽고 말하기 2

가.

① ×

② ×

③ O

④ O

⑤ ×

나.

① 연구실에 들렀다가 돌아서 가는 지선 씨의 뒷모습이 자꾸 떠올라서 편지를 썼대요.

② 괜찮다고, 걱정하지 말라고, 잘 사는 모습을 보여 드리지 못해서 죄송하다고 했대요.

③ 매서운 바람 때문에 똑바로 자라지 못하고 사람이 무릎을 꿇고 있는 모습으로 서 있대요.

④ 아름다운 음악을 연주하기 위해 연습을 하고 있는 거니까 조금만 더 힘내라고 했어요.

4과

4과 듣고 말하기 1

가.

① O

② ×

③ △

④ O

⑤ ×

나.

① 400년 전에 지구로 오게 된 남자가 최고의 인기 여배우를 만나서 벌어지는 이야기인데 만화를 드라마로 만든 거예요.

② 사랑 이야기인데 판타지적 요소가 들어 있어서 재미있대요. 얼마나 흥미진진한지 50분이 금방 지나간다고 했어요.

③ 오늘 축구 경기하는 것을 몰랐다가 알게 돼서 마음을 바꿨어요.

④ 생중계를 봐야 긴장감을 느낄 수 있기 때문에 뉴스로 결과만 보지 않겠대요.

다.

① 벌어지는

② 흥미진진한지

4과 읽고 말하기 1

나.

① 앞을 못 보는 아버지의 눈을 뜨게 한 효녀의 이야기를 발레로 만든 거예요.

② 의상이 아주 화려했는데 한복이 얼마나 아름다운지 눈을 뗄 수 없었다고 했어요.

③ 음악도 좋았는데 특히 마지막에 심청이 아버지를 만나는 장면에서 나오는 음악은 깊은 감동을 주었다고 말했어요.

④ 심청의 마음이 발레 동작으로 아름답게 잘 표현됐고 뱃사람들이 함께 추는 군무가 역동적이라고 했어요.

⑤ 영상이 훌륭했는데 특히 심청이 바다에 빠지는 장면을 실감나게 표현한 점이 인상적이었대요.

4과 읽고 말하기 2

가.

① ×

② O

③ ×

④ O

⑤ ×

나.

① 설날과 추석 때 북쪽에 있는 부모님께 새해 인사

와 차례를 지내기 위해서 망배단을 찾는대요.
② 북한이 남한으로 군대를 몰래 보낼 목적으로 만든 터널인데 길이가 1.5km나 된대요.
③ 북한을 가까이에서 볼 수 있다는 것이 신기했대요. 그리고 망원경을 통해서만 북한 사람들의 모습을 볼 수 있는 것이 안타깝고 마음이 무거웠대요.
④ 빨리 통일이 돼서 많은 사람들로 붐비는 도라산역이 됐으면 좋겠대요.
⑤ 잊고 살았던 분단의 현실과 통일에 대해 다시 한 번 생각해 볼 수 있었던 의미 있는 시간이었다고 했어요.

5과

5과 듣고 말하기 1

가.
① O
② ×
③ △

나.
① '이제 고생 끝 행복이다, 내 세상이 왔다'는 느낌이 들었다고 했어요.
② 세상이 무너지는 것처럼 모두 끝난 것 같았다고 했어요.
③ '이제는 남자다, 어른이 됐다'고 생각했대요.

다.
① 부둥켜안고서
② 만만치

5과 읽고 말하기 1

가.
① O
② ×
③ ×
④ O
⑤ ×
⑥ ×

나.
① 공기놀이는 공기 다섯 개를 바닥에 던져 놓고 그 중 한 개를 집어서 위로 던져요. 이 공기가 떨어지는 동안 바닥에 있는 다른 공기 한 개를 얼른 집은 후 떨어지고 있는 공기를 손바닥으로 받아요. 이렇게 한 알 집기에서 네 알 집기까지가 끝나면 꺾기를 해요. 꺾기를 해서 잡은 공기의 수가 점수가 돼요.
② 딱지치기는 먼저 가위바위보로 순서를 정한 후 진 사람은 딱지 하나를 바닥에 놓고 이긴 사람은 자기 딱지로 상대방의 딱지를 치는데 딱지가 뒤집히면 그 딱지를 가질 수 있어요.
③ 얼음땡은 먼저 가위바위보를 해서 진 사람이 술래가 돼요. 술래가 열까지 세는 동안 다른 사람들은 도망을 가야 해요. 술래에게 잡히면 그 사람이 다음 술래가 돼요. 그런데 술래가 잡으려고 하는 순간 '얼음'이라고 말하면 술래가 잡을 수 없어요.

5과 읽고 말하기 2

가.
① O
② ×
③ O
④ △
⑤ ×

나.
① 종호 씨는 하겠다고 마음먹은 일을 꼭 해냈기 때문에 유능한 앵커가 될 거라는 것을 알았대요.
② 어렵고 힘든 일이 생겨도 용기를 잃지 않고 항상 즐거운 마음으로 살겠다고 결심했대요.
③ 착하고 현명하고 자기 일도 열심히 하는 사람이래요.
④ 주말이면 같이 놀아 주고 공부가 힘들거나 친구들 때문에 고민할 때 아이들의 눈높이에서 함께 이야기하고 아이에게 잘해 주는 아버지가 되고 싶어해요.
⑤ 다수만을 위한 방송은 좋은 방송이 아니라고 하면서 소수의 생각도 전하는 방송을 하겠다고 말했대요.

다.
10년 후

6과

6과 듣고 말하기 1

가.

① ×
② O
③ △
④ O
⑤ ×

나.

① 고객님의 휴대폰 번호와 별표를 눌러 달라고 했어요.
② 제품을 그대로 다시 상자에 넣어서 적혀 있는 주소로 보내 달라고 했어요.
③ 색깔이 어둡고 옷이 구겨져 있는 데다가 바느질도 엉망이래요.
④ 제품 관련 문의 사항은 제조 업체에 직접 전화하면 그쪽에서 바로 해결해 줄 거라고 했어요.
⑤ SG쇼핑을 믿고 물건을 구입했기 때문에 제조 업체에 직접 전화할 수 없다고 했어요.

다.

① 부담해야
② 엉망이에요

6과 읽고 말하기 1

가.

김민정

① × (3일→ 5일)
② × (쇼핑몰에서 먼저 전화 → 민정 씨가 먼저 전화)
③ O

박소영

① × (색깔→ 사이즈)
② O
③ × (단순한 사이즈 교환은 배송비를 내야 함)

나.

① 보통 주문하면 2~3일 내에 물건이 오는데 5일이 지나도 물건이 도착하지 않아서 민정 씨가 전화했대요.
② 갑자기 주문량이 많아져서 늦어졌다고 했어요.
③ 배송 날짜도 안 지키고 품질도 안 좋은 것을 보내 놓고, 환불이 안 된다고 해서 실망했대요.
④ 상품 평을 봤는데 거의 대부분의 내용이 사이즈에 대한 것이었기 때문에 깜짝 놀랐다고 했어요.
⑤ 단순한 사이즈 교환은 어쩔 수 없다고 하면서 배송비를 내야 한다고 했어요.

6과 읽고 말하기 2

가.

① O
② ×
③ ×
④ ×
⑤ O

나.

① 2002년 월드컵과 한류의 영향으로 외국인에게 많이 알려지면서 외국인 관광객이 꾸준히 증가하고 있대요.
② 중국식 한자 표지판이 잘못 되어 있거나 식당 메뉴판에 쓰여 있는 중국어 번역들이 이해할 수 없어서 불편하다고 했어요.
③ 바가지 요금은 한국에 대한 나쁜 인상을 주기 때문에 정부가 적극적으로 단속해야 한대요.
④ 해외 카드로 돈을 찾을 수 있는 ATM이 많지 않은 데다가 "해외카드 가능"이라고 쓰여 있어도 실제로 돈을 찾을 수 없었대요.

7과

7과 읽고 말하기 1

나.

① 운전자 박 씨가 그 자리에서 숨지고 뒷좌석에 타고 있던 이 모 씨는 크게 다쳐 병원으로 옮겨졌대요. 경찰은 박 씨가 졸음 운전을

하다가 사고를 낸 것으로 보고 정확한 사고 원인을 조사하고 있대요.
② 인명 피해는 없었으나 가전 제품과 가구, 냉장고, 주방 기구 등 약 780만 원 정도의 재산 피해가 발생했대요. 서초 소방서는 주방에서 처음 불꽃이 보였다는 목격자의 말을 중심으로 정확한 화재 원인을 조사 중이래요.
③ 갑자기 쏟아진 폭우로 인해 영등포 역이 침수돼 서 1시간 가까이 지하철 운행이 중단됐대요. 안내 방송을 들은 시민들은 버스나 택시로 갈아타려고 역 밖으로 나오기도 하고 몇몇 승객들은 지하철 사무실을 찾아가서 항의하면서 환불을 요구하기도 했대요.
④ 김 씨가 에스컬레이터를 타고 올라가던 중 가방에서 지갑을 꺼내려고 하다가 뒤로 쓰러지면서 발생했대요. 사고 후 부상자 중 한 명이 에스컬레이터가 거꾸로 움직였다고 말해서 지하철 측이 에스컬레이터에 문제가 있었는지 조사했대요.

7과 읽고 말하기 2

가.
① ×
② O
③ ×
④ ×
⑤ ×

나.
① 다니던 직장을 그만두고 새로운 사업을 해 보려고 이것저것 시작했지만 3년 만에 당첨금을 모두 잃고 파산했대요. 그리고 아내와 이혼 후에는 거의 집 밖에도 나오지 않고 매일 술을 마시며 지내다가 알코올 중독자가 되었대요.
② 모 방송사의 실수로 얼굴이 0.2초 정도 텔레비전에 나왔는데 그 후 자선 단체에서 기부하라고 계속 전화를 하고 친구나 친척들이 도와 달라고 매일 찾아와서 정상적인 생활을 할 수 없게 됐대요.
③ 박 씨는 그 돈이 자신에게 너무 큰 돈이라고 하면서 1억 원만 갖고 17억 원을 형에게 줬어요.
④ 당첨자들이 다니던 직장을 그만두고 준비 없이 사업을 시작하거나 생활 방식을 바꾸기 때문에 불행해진대요.

8과

8과 듣고 말하기 1

가.
① O
② O
③ ×
④ ×
⑤ △

나.
① 오래 전부터 전해 내려오는 한국 민요인데 원래 힘든 일을 할 때 여러 사람들이 같이 부르던 노래래요. 그래서 옛날 사람들의 생활 속 감정이 담겨 있대요.
② 정선 지역은 험한 산들로 둘러싸여 있기 때문에 옛날에 여기서 살던 사람들은 다른 지역으로 가기도 어려웠고 농사를 지을 수도 없었대요. 그래서 태어나서 죽을 때까지 가난하고 힘들게 살았대요.
③ 쌀 농사와 어업이 둘 다 가능했기 때문에 정선 지역에 사는 사람들에 비해서 여유롭게 살았대요.
④ 정선 지역은 험한 산들로 둘러싸여 있어 농사를 지을 수 없는 반면에 진도는 섬이고 쌀 농사와 어업이 둘 다 가능한 곳이에요.
⑤ 정선 아리랑은 잔잔하고 슬픈 반면에 진도 아리랑은 템포가 빠르고 흥겨워요.

다.
① 험한
② 가난하고

8과 읽고 말하기 1

나.
① 보령은 아름다운 모래와 깨끗한 진흙으로 유명한 곳이래요.
② 화천은 산으로 둘러싸여 있고 깨끗하고 맑은 북한강이 흐르는 곳이래요.
③ 보령은 아름다운 모래와 깨끗한 진흙으로 유명한 바닷가인 반면에 화천은 산으로

둘러싸여 있고 북한강이 흐르는 곳이에요.

④ 보령 머드 축제는 여름에 바닷가에서 즐길 수 있는 반면에 화천 산천어 축제는 겨울에 꽁꽁 언 강에서 즐길 수 있는 축제예요.

8과 읽고 말하기 2

가.

① ×

② ×

③ ×

④ O

⑤ ×

나.

① 북쪽 지방 사람들은 겨울에 따뜻한 방에서 살짝 언 동치미 국물에 국수를 넣어서 먹었대요.

② 한국 전쟁 때 북쪽 지방의 피난민들이 남쪽으로 내려오면서 전국적으로 즐기게 됐대요.

③ 함흥 냉면은 감자나 고구마로 만들어서 면이 가늘고 쫄깃한 반면에 평양 냉면은 메밀로 만들어서 면이 굵고 먹으면 쉽게 끊기는 것이 특징이래요.

④ 함흥 냉면은 매콤하면서도 새콤한 반면에 평양 냉면은 맵지도 않고 자극적이지도 않다.

⑤ 함흥은 산과 동해안을 끼고 있어서 감자, 고구마가 많이 나고 신선한 생선과 해산물이 풍부해서 회를 넣고 비벼서 먹는 냉면이 발달했대요.

WORK BOOK
の解答

1과

1과 말하기

문법·표현❶
<의미 확인>
① ㉡
② ㉢
③ ㉠
④ ㉣

<연습>
가.
① 보는군요
② 어울리는군요
③ 비슷하군요
④ 만들었군요
⑤ 선생님이었군요

나.
① 걸리겠군요
② 든든하겠군요
③ 어렵겠군요
④ 불편했겠군요
⑤ 경험이었겠군요

다.
① 정말 얌체 같은 사람이군요
② 발이 아주 넓군요
③ 그렇게 해서 문을 열게 되셨군요
④ 참 독특하고 재미있는 디자인이군요
⑤ 공부할 때 집중을 잘하는군요

문법·표현❷
<의미 확인>
① ㉠
② ㉤
③ ㉡
④ ㉢
⑤ ㉣

<연습>
가.
① 먹는 줄 몰랐어요
② 없는 줄 몰랐어요
③ 사람인 줄 몰랐어요
④ 먼 줄 몰랐어요
⑤ 입은 줄 몰랐어요

나.
① 시간이 이렇게 빨리 지나가는 줄 몰랐어요
② 바람이 이렇게 세게 부는 줄 몰랐어요
③ 그 공원이 쓰레기 산이었는 줄 몰랐어요
④ 줄임말이 그렇게 많은 줄 몰랐어요

다.
① 사는 줄 몰랐어요
② 부르는 줄 몰랐어요
③ 힘든 줄 몰랐어요
④ 쓰는 줄 몰랐어요

문법·표현❸
<의미 확인>
①

<연습>
가.
① ㉡
② ㉢
③ ㉠
④ ㉣

① 한번은 버스를 탔는데 버스에서 졸다가 내려야 할 곳을 지나쳤어요
② 한번은 휴대폰을 택시에 두고 내렸는데 친절한 기사 아저씨께서 직접 찾아주셨어요
③ 한번은 여행을 가려고 공항에 갔는데 여권을 안 가지고 가서 비행기를 못 탔어요
④ 한번은 지하철에 빈자리가 있어 앉았는데 어떤 할아버지가 와서 여기 앉으면 안 된다고 했어요

나.
① 한번은 배가 아파서 혼자 약국에 갔는데 증상을 제대로 말하지 못해서 약을 잘못 샀어요.
② 한번은 동료 생일이라서 같은 회사 사람들하고 식당에 갔는데 생일인 동료가 혼자 계산을 다 하겠다고 했어요. 혼자 다 내면 부담스러울까 봐 저도 내겠다고 했더니 절대 안 된다고 했어요.

1과 정리

① 한번은 식당에 갔는데

② 인사말인 줄 몰랐어요
③ 당황했겠군요

1과 듣고 말하기

가.

① 1) 돌아가면서 2) 돌아가면서
② 1) 맡기러 2) 맡겨야
③ 1) 뽑는다고 2) 뽑는
④ 1) 당황해서 2) 당황했어요

나.

① 한 사람이 돈을 다 내나
② 각자 내야
③ 돌아가면서 내는
④ 보이지 않는 규칙이 있어요

1과 읽고 말하기

가.

① 수리, 수선 / 수리, 수선
② 박다, 빼다 / 박았다가, 뺐다
③ 따라가다, 따라잡다, 앞지르다 / 따라갈, 따라잡은, 앞지르게

나.

① 을, 다하다
② 를, 돌리다
③ 이, 나오다
④ 에, 달하다

다.

① 힘을 다해서
② 고개를 돌려서
③ 한숨이 나왔다
④ 절정에 달해서

라.

① 사소한
② 무뚝뚝한
③ 서글픈
④ 두리번거렸

마.

① 그냥 그런가 보다
② 그게 다가 아니었다
③ 있는 힘을 다해
④ 안도의 한숨이 나왔다

1과 종합 문제

가.

① ①
② ②
③ ④

나.

① ③
② ②

다.

① ④
② ②
③ ③

라.

① ①
② ③
③ 중매결혼

2과

2과 말하기

문법·표현❶

<의미 확인>

① ㉡
② ㉤
③ ㉢
④ ㉥
⑤ ㉣
⑥ ㉦
⑦ ㉠

<연습>

가.

① 발 없는 말이 천 리를 간다
② 호랑이도 제 말 하면 온다
③ 길고 짧은 것은 대봐야 안다
④ 종로에서 뺨 맞고 한강에서 화풀이한다

⑤ 무소식이 희소식
⑥ 세월이 약
⑦ 산 넘어 산

문법·표현❷
<의미 확인>
① ㉡
② ㉠
③ ㉢
④ ㉣
⑤ ㉤

① 발이 넓다는 말은 아는 사람들이 많다는 뜻이에요
② 입이 무겁다는 말은 비밀을 잘 지킨다는 뜻이에요
③ 시작이 반이라는 말은 시작하는 것이 중요하다는 뜻이에요
④ 파김치가 된다는 말은 너무 지쳐서 기운이 없어진다는 뜻이에요
⑤ 고생을 사서 한다는 말은 하지 않아도 될 고생을 일부러 한다는 뜻이에요

<연습>
가.
① 먹는다는 뜻이에요
② 힘들다는 뜻이에요
③ 가수라는 뜻이에요
④ 산다는 뜻이에요

나.
① 인생을 함께 할 사람이라는 뜻이에요
② 아무리 작은 음식도 나누어 먹는다는 뜻이에요
③ 도시에서 멀리 떨어진 곳이라는 뜻이에요
④ 아이가 부모를 아주 많이 닮았다는 뜻이에요
⑤ 한 가지 일을 해서 두 가지 이익을 얻는다는 뜻이에요

문법·표현❸
<의미 확인>
① ㉣
② ㉡
③ ㉢
④ ㉠

<연습>
가.
① 다르다고 하잖아요
② 닮는다고 하잖아요
③ 아름답다고 하잖아요
④ 계절이라고 하잖아요
⑤ 넘었다고 하잖아요
⑥ 바뀌었다고 하잖아요

나.
① 음악으로 우울증을 치료한다고 하잖아요
② 담배가 몸에 안 좋다고 하잖아요
③ 나이를 한 살 더 먹는다고 하잖아요
④ 전라도 음식이 제일 맛있다고 하잖아요
⑤ 세월을 이기는 것은 아무 것도 없다고 하잖아요

2과 정리

① 세월이 약
② 무소식이 희소식
③ 종로에서 뺨 맞고 한강에서 화풀이한다
④ 호랑이도 제 말 하면 온다
⑤ 나쁜 소식은 빨리 퍼진다는 뜻이에요
⑥ 고생 끝에 낙이 온다고 하잖아요

2과 듣고 말하기

가.
① 1) 중얼거리고　　2) 소곤거렸어요
② 1) 통역하는　　2) 번역하는

나.
① 무시하고
② 화풀이할
③ 혼난
④ 막, 막

다.
① 한 번쯤 실수하지 않은 사람이 어디 있어요?
② 남의 떡이 더 커 보인다고 하잖아요.
③ 사람들이 호랑이도 제 말 하면 온다고 하더니 정말이네요.

2과 읽고 말하기

가.
① 낙
② 식후경

③ 고와야, 곱다
④ 여든
⑤ 매

나.
① 그 아버지에 그 아들이다
② 금강산도 식후경
③ 매도 먼저 맞는 게 낫다
④ 원숭이도 나무에서 떨어질
⑤ 가는 말이 고와야 오는 말이 곱다
⑥ 세 살 버릇 여든까지 간다
⑦ 고생 끝에 낙이 온다
⑧ 하나를 보면 열을 안다

다.
① 부시니까
② 반짝이
③ 고요한
④ 잊혀져서

라.
① 향기
② 몸짓
③ 그늘
④ 방울

2과 종합 문제

가.
① 중얼거리는
② 무시해야
③ 고요했다
④ 소곤거렸다

나.
① 고생 끝에 낙이 온다
② 금강산도 식후경이라
③ 그 아버지에 그 아들이라

다.
① 길고 짧은 것은 대 봐야 안다
② 남의 떡이 더 커 보인다

라.
① (1) ② (2) ② (3) ②
② 이름을 불러 주는

2과 쉬어 가기

가.
① ㉢
② ㉡
③ ㉠
④ ㉣
⑤ ㉦
⑥ ㉥
⑦ ㉤

3과

3과 말하기

문법•표현❶
<의미 확인>
① ㉡
② ㉣
③ ㉠
④ ㉢

<연습>
가.
① 에서 / 오늘부터 여의도 벚꽃 축제가 시작된다는데
② 에서 / 이번 토요일에 뚝섬 한강공원에서 나눔 장터가 열린다는데
③ 에서 / 담뱃값 인상으로 담배를 끊는 사람이 많다는데
④ 가 / 다음 주부터 방학이라는데
⑤ 가 / 서강대학교 정문 앞에 도착했다는데

나.
① 가 / 내일부터 저녁에 만나서 한 시간씩 한국어 공부하자는데
② 가 / 기분 전환하러 콘서트에 가자는데
③ 가 / 이번 학기 졸업식이 언제냐는데
④ 께서 / 수업 시간에는 한국어로만 이야기하라는데
⑤ 가 / 스테판 씨 이메일 주소 좀 가르쳐 달라는데

문법·표현❷

<의미 확인>

① ㉡ - 다리를 다치는 바람에 스키장에 못 갔어요.
② ㉠ - 물이 안 나오는 바람에 샤워를 못 했어요.
③ ㉤ - 지갑을 잃어버리는 바람에 밥도 못 사먹었어요.
④ ㉢ - 자동차가 고장 나는 바람에 지하철을 타고 왔어요.
⑤ ㉣ - 컴퓨터가 갑자기 꺼지는 바람에 발표 자료를 못 만들었어요.

<연습>

가.
① 잃어버리는 바람에
② 두고 가는 바람에
③ 쏟는 바람에
④ 넘어지는 바람에
⑤ 떨어트리는 바람에

3과 정리

① 잊어버리는 바람에
② 만나고 싶다는데

3과 듣고 말하기

가.
① 태풍
② 단풍
③ 황사
④ 폭설
⑤ 열대야
⑥ 낙엽
⑦ 장마
⑧ 벚꽃

나.
① 태풍
② 열대야
③ 황사
④ 단풍
⑤ 폭설

다.
① 무더워서
② 푸른
③ 미끄러우니까
④ 화창한데
⑤ 건조한 것 같아요 / 습한

라.

① 1) 떨어지는 바람에	2) 떨어져서
② 1) 타고	2) 타는
③ 1) 들면	2) 드는
④ 1) 내려서	2) 내리면
⑤ 1) 지면	2) 지는

마.
① ③
② ①
③ ⑤
④ ④
⑤ ②

바.
① 글쎄요
② 난 빠르지도 느리지도 않고
③ 무슨 일이 있어도
④ 그래서 그런지
⑤ 무엇보다

3과 읽고 말하기

가.
① ④
② ③
③ ①
④ ②
⑤ ⑤

나.
① 가
② 기
③ 서

다.
① 불행해지게
② 정직한
③ 꿇고
④ 살아가다
⑤ 잡았다

라.

① 똑바로
② 차라리
③ 하나씩
④ 펑펑
⑤ 어디선가

마.

① 들어 있다
② 불운
③ 행운
④ 꺼내는
⑤ 불행해지기
⑥ 행복해지기도

바.

① 용기를 주셨다
② 소리를 내면서
③ 시간을 잡는 것이
④ 소식을 전하는
⑤ 메일을 드려서

3과 종합 문제

나.

① 오는데 → 온다는데
② 한강에 가면 좋아요 → 어디에 가면 좋을까요?
③ 나느라고 → 나는 바람에
④ 피곤한 바람에 → 피곤해서

라.

① 봄
② ②
③ ④
④ ②

4과

4과 말하기

문법·표현❶

<의미 확인>

① ②
② ②
③ ①

<연습>

가.

① 예습해야
② 알아야
③ 저렴해야
④ 있어야
⑤ 인물이어야

문법·표현❷

<의미 확인>

① ㉣
② ㉢
③ ㉠
④ ㉤
⑤ ㉡

<연습>

가.

① 얼마나 많은지
② 얼마나 빠른지
③ 얼마나 재미있는지
④ 얼마나 긴지
⑤ 얼마나 매운지

나.

① 얼마나 빨리 먹는지
② 얼마나 열심히 운동을 하는지
③ 얼마나 요리를 잘 하는지
④ 얼마나 못 쓰는지
⑤ 얼마나 자주 가는지

문법·표현❸

<의미 확인>

① ㉡
② ㉣
③ ㉠
④ ㉢

<연습>

가.

① 김광석 노래만큼은 꼭 들어 봐야 돼요
② 팥빙수만큼은 꼭 먹어야 돼요
③ 선유도 공원만큼은 꼭 가야 돼요
④ 내 생애 단 한번만큼은 꼭 읽어야 돼요

⑤ 발레 심청만큼은 꼭 봐야 돼요

4과 정리

① 얼마나 많이 오는지
② 해물 요리만큼은 꼭 주문해야 돼요
③ 먹어 봐야

4과 듣고 말하기

가.
① ㉡
② ㉢
③ ㉠
④ ㉤
⑤ ㉣

나.
① 연기하는데
② 끊겨서
③ 벌어지는 바람에
④ 따라다니니까

다.
① 흥미진진해서
② 참신해서
③ 잔인해서
④ 오싹했어요
⑤ 뿌듯해요

라.
① 다섯 손가락 안에 드는
② 배꼽이 빠지는 줄 알았어요
③ 얘기가 안 통하더라고요
④ 긴장감을 느껴서

마.
① 오늘 뭐 볼 만한 거 있어?
② 무슨 소리야
③ 완전 대세잖아
④ 왜 이랬다저랬다 해

4과 읽고 말하기

가.
① 영상
② 상징적
③ 한산한
④ 어우러져서

나.
① 도착했다
② 감독하고
③ 엄격하게
④ 통제하는지
⑤ 살벌했다

다.
① 평이 좋은
② 마음이 무겁다
③ 가슴이 뭉클했다
④ 가슴이 떨려서

라.
① 별 기대 없이
② 눈을 뗄 수 없었다
③ 기대 이상이었다
④ 적극 추천하고 싶다

4과 종합 문제

나.
① 잘하는지 → 잘했는지
② 부르는지 → 잘 부르는지
③ 해결하면 → 해결해야
④ 됩시다 → 될 수 있습니다

다.
① 지루해서
② 안타까워서
③ 가까이
④ 무서워서

라.
① 이것저것
② 여기저기
③ 이런저런
④ 이랬다저랬다
⑤ 이리저리

마.
① ④

② ②
③ 얼마나 연습을 많이 했는지

5과

5과 말하기

문법•표현❶
<의미 확인>
① ㉡
② ㉣
③ ㉢
④ ㉠

<연습>
가.
① 갔던 것 같아요
② 공부했던 것 같아요
③ 됐던 것 같아요
④ 힘들었던 것 같아요
⑤ 시간이었던 것 같아요

나.
① 추웠던 것 같아요
② 어려웠던 것 같아요
③ 컸던 것 같아요
④ 나았던 것 같아요
⑤ 달랐던 것 같아요

문법•표현❷
<의미 확인>
① ㉡
② ㉠
③ ㉣
④ ㉢
⑤ ㉤

<연습>
가.
① 잊어버린다면
② 먹는다면
③ 간다면
④ 없다면
⑤ 방학이라면

5과 정리

① 즐겨 봤던 것 같아요.
②-③ 대통령이 된다면

5과 듣고 말하기

가.
① 느린
② 쓰려요
③ 시려서
④ 어린

나.
① 지루해서
② 설레서
③ 만만한
④ 철없는

다.
① 꿈꾸는
② 현실
③ 보내고
④ 꾸밀
⑤ 구체적이다

라.
① 이, 들다
② 에, 만족하다
③ 을, 졸이다
④ 으로, 꾸미다

마.
① 잠이 들었나 봐요
② 사진으로 꾸미는 게 어때요
③ 현실에 만족하세요.
④ 마음을 졸이면서

5과 읽고 말하기

가.
① ① 던진 ② 집은
② ① 접어서 ② 뒤집히면

③ ① 잡으러 ② 잡히면

나.
① 1) 정하고 2) 정하고 나서
② 1) 잡힌다 2) 잡히
③ 1) 세면서 2) 세신다
④ 1) 지으셨다 2) 지어서

다.
① 점수
② 용기
③ 희망
④ 손바닥

라.
① 페이
② 미카
③ 루이
④ 민정
⑤ 승우

5과 종합 문제

나.
① 없다면
② 있으면
③ 가지 않았다면
④ 이에요
⑤ 못 본 것 같아요

라.
시간
① 시간을 들여서
② 시간 가는 줄 모르고
③ 눈 깜짝할 사이에 시간이 지나간 것 같아요
④ 시간을 갖는

마.
① ① × ② ○ ③ ○ ④ ×
② ②
③ 산 넘어 산

6과

6과 말하기

문법·표현❶
<의미 확인>
① ㉡
② ㉤
③ ㉠
④ ㉢
⑤ ㉣

<연습>
가.
① 잤어야지요
② 입었어야지요
③ 맡겼어야지요
④ 말았어야지
⑤ 먹었어야지요

나.
① 지었어야지요
② 꼈어야지요
③ 들었어야지요
④ 도왔어야지요
⑤ 불렀어야지요

문법·표현❷
<의미 확인>
① ㉤
② ㉢
③ ㉣
④ ㉠
⑤ ㉡

<연습>
가.
① 만들어 주셨으면 해요
② 안내해 주셨으면 해요
③ 제공해 주셨으면 해요
④ 불러 주셨으면 해요
⑤ 알려 주셨으면 해요

나.
① 외국인 관광객들이 잘 이해할 수 있게 번역을 정확하게 해 주셨으면 합니다
② 쓰레기를 쉽게 버릴 수 있게 쓰레기통을 더 마련해 주셨으면 합니다

③ 바가지를 쓰지 않게 가격을 정확하게 표시해 주셨으면 합니다
④ 베트남 관광객도 이해할 수 있게 안내문을 만들어 주셨으면 합니다
⑤ 편하게 이용할 수 있게 ATM 기계를 많이 설치해 주셨으면 합니다

문법·표현❸

<의미 확인>

① ㉣
② ㉢
③ ㉠
④ ㉤
⑤ ㉡

가.

① 자는 데다가
② 먹는 데다가
③ 편한 데다가
④ 좁은 데다가
⑤ 생일인 데다가

나.

① 더운 데다가
② 걸은 데다가
③ 산 데다가
④ 나은 데다가
⑤ 어려운 데다가

다.

① 몸도 가벼워져요
② 유머 감각도 많아요
③ 공기도 답답해요
④ 기능도 다양해요
⑤ 열도 나요

6과 정리

① 속도가 느린 데다가
② 고쳐 주셨으면 해요
③ 알려줬어야지요

6과 듣고 말하기

가.

① 페이 - 구매
② 루이 - 교환
③ 승우 - 환불
④ 미카 - 반품
⑤ 스테판 - 결제

나.

① 부담해요
② 조회하는
③ 눌러야
④ 헛걸음했어요
⑤ 요청하는

다.

① 1) 냈어요 2) 내야 해요
② 1) 차서 2) 차는 바람에
③ 1) 빈 2) 빈
④ 1) 맡겼는데 2) 맡겼다

라.

① 감정적
② 억양
③ 논리적
④ 해결
⑤ 바람

마.

① 구겨져 있다
② 얼룩이 묻어 있다
③ 사이즈가 안 맞다
④ 단추가 떨어져 있다
⑤ 바느질이 엉망이다
⑥ 색깔이 다르다

바.

① 왜 제가 내야 하나요?
② 에 따라서 다르게 보여요
③ 그런 말씀 없었는데요
④ 실제로 보니

6과 읽고 말하기

가.

① 표지판
② 영향
③ 비용
④ 불량

나.

① 체크한
② 벗어나서
③ 따지고
④ 평가한다
⑤ 개선하기

다.

① ①
② ③
③ ⑤
④ ④
⑤ ②

라.

① 불편을 겪었
② 상품 평을 남기면
③ 바가지를 쓴 일이다
④ 만족도를 높이기 위해
⑤ 행사를 유치한 후

마.

① 게다가
② 제대로
③ 종종
④ 일일이
⑤ 하루빨리

6과 종합 문제

가.

① ①
② ②
③ ①

나.

① 부산은 구경할 만한 데가 정말 많아요 → 구경할 만한 데가 정말 많아요
② 설거지는 깨끗하게 잘 해 → 설거지도 깨끗하게 안 해
③ 비밀을 말했어야지 → 비밀을 지켰어야지
④ 깨끗했어야지요 → 깨끗하게 했어야지요

라.

① ②
② ②
③ 불친절한 데다가 위험하게 운전하는

6과 쉬어가기

① ③
② ①
③ 환불하
④ 포장해
⑤ 판매하
⑥ 할인해

7과

7과 말하기

문법·표현❶
<의미 확인>

① 기상청에 따르면, 시작된다고 합니다
② 목격자에 따르면, 들이받았다고 합니다
③ 조사 결과에 따르면, 늘었다고 합니다

<연습>

가.

① 에 따르면, 최선을 다할 것이라고 합니다
② 에 따르면, 단속한다고 합니다
③ 에 따르면, 빠르다고 합니다
④ 에 따르면, 이용이라고 합니다

나.

① 한비야 씨에 따르면 이 책을 통해 오지에 사는 난민 아이들의 어려움을 세계에 알리고 싶다고 합니다
② 취업 전문가에 따르면 취업에 성공하려면 스펙보다 경험이 더욱 중요하다고 합니다
③ 법원에 따르면 경제가 어려워지면서 파산한 사람들의 상담 전화가 늘고 있다고 합니다
④ 연구 논문에 따르면 초록색 채소나 호두가 우울증 치료에 도움이 된다고 합니다

다.

① 일기 예보에서 내일 일교차가 심하대요
② 뉴스에서 사고로 여의도 한강 공원 근처 도로가 통제되고 있대요
③ 신문에서 아시아 지역 해외 자원 봉사자를 모집한대요

④ 라디오에서 사연을 보낸 사람들 중에서 추첨을 통해 백화점 상품권을 준대요

문법·표현❷

<의미 확인>

① 생각하는 것으로 나타났습니다
② 높은 것으로 나타났습니다
③ 심각한 것으로 나타났습니다

<연습>

가.

① 모이는 것으로 나타났습니다
② 발생하는 것으로 나타났습니다
③ 사는 것으로 나타났습니다
④ 큰 것으로 나타났습니다
⑤ 어려운 것으로 나타났습니다
⑥ 전기 누전인 것으로 나타났습니다

나.

① 이직한 것으로 나타났습니다
② 들어간 것으로 나타났습니다
③ 뽑은 것으로 나타났습니다
④ 이용한 것으로 나타났습니다
⑤ 기부한 것으로 나타났습니다

다.

① 신호를 안 지키는 것으로 나타났습니다
② 김 모 씨인 것으로 밝혀졌습니다
③ 인간관계에 부담을 느끼는 것으로 나타났습니다
④ 옥상으로 대피한 것으로 밝혀졌습니다

문법·표현❸

<의미 확인>

① ㉢
② ㉤
③ ㉠
④ ㉡
⑤ ㉣

<연습>

가.

① 내릴 것으로 예상됩니다
② 이용할 것으로 예상됩니다
③ 높아질 것으로 예상됩니다
④ 만들 것으로 예상됩니다
⑤ 추락할 것으로 예상됩니다

나.

① 부족할 것으로 예상됩니다
② 흥미진진할 것으로 예상됩니다
③ 건조할 것으로 예상됩니다
④ 어려울 것으로 예상됩니다
⑤ 1위일 것으로 예상됩니다

다.

① 많은 인기를 끌 것으로 전망됩니다
② 한국 선수가 우승할 것으로 보입니다
③ 교통 정체가 시작될 것으로 예상됩니다
④ 많은 여행객들이 해수욕장을 방문할 것으로 전망됩니다

7과 정리

① 줄어든 것으로 나타났습니다
② 도서관 담당자에 따르면
③ 때문이라고 합니다
④ 감소할 것으로 예상됩니다

7과 듣고 말하기

가.

① 피해
② 원인
③ 처리
④ 대책

나.

① 피해
② 처리
③ 원인
④ 대책

다.

① 정차하면
② 예방하는
③ 그칠
④ 잠겼습니다

라.

① 사고가 발생했습니다
② 연기가 나기
③ 폭우가 쏟아지고 있습니다
④ 주택이 침수되는

⑤ 원인을 밝히기 위해

7과 읽고 말하기

가.
① ②
② ③
③ ①
④ ⑤
⑤ ④

나.
① 졸음운전
② 재산피해
③ 항의
④ 누전

다.
① 밀려서
② 당첨된다면
③ 파산했다
④ 역전시켰다
⑤ 숨지고

라.
① ①
② ①
③ ②
④ ①

7과 종합 문제

나.
① 1호선 몇몇 역에서는 지하철이 정차하지 않는 바람에 출근길 시민들이 큰 불편을 겪었다.
② 에스컬레이터를 타고 올라가던 중 가방에서 지갑을 꺼내려고 하다가 뒤로 쓰러지면서 발생했다

다.
19일 오후 4시 서울 지하철 5호선 공덕 역에서 에스컬레이터 사고가 발생했다. 이 사고로 10여 명의 승객들이 넘어져 다친 것으로 나타났다. 이 사고는 에스컬레이터가 갑자기 멈추면서 발생한 것으로 보고 경찰은 CCTV를 확인하고 있다.

라.
① 몇몇
② 한때
③ 곳곳
④ 측

마.
① ②
② ③
③ 연구 결과에 따르면 실제로 아침을 매일 먹는 학생들의 시험 점수가 아침을 먹지 않는 학생들 보다 높다고 한다.
④ ③

8과

8과 말하기

문법·표현❶
<의미 확인>
① ㉡
② ㉠
③ ㉤
④ ㉢
⑤ ㉣

<연습>
가.
① 갖는
② 기억하는
③ 길쭉한
④ 중요한
⑤ 전자 제품인

나.
① 축의금을 흰 봉투에 넣어서 주는 반면에
② 새 학년이 3월에 시작하는 반면에
③ 운동할 때 조금 불편한 반면에
④ 돈을 얼마나 쓰는지 정확하게 알기 어려운 반면에
⑤ 커피 나무 열매를 이용해서 만드는 음료인 반면에

문법·표현❷

<의미 확인>

① ㉤
② ㉡
③ ㉠
④ ㉣
⑤ ㉢

<연습>

가.

① 강원도의 설악산에 비해서
② 작년에 비해서
③ 딸기에 비해서
④ 남자에 비해서
⑤ 겨울에 비해서

나.

① 제주도의 한라산에 비해서 200m 정도 낮다.
② 올해에 비해서 일주일 일찍 피었다
③ 사과에 비해서 비타민 C가 많이 들어 있다
④ 여자에 비해서 평균 수명이 약 5년 정도 짧다
⑤ 여름에 비해서 해가 늦게 뜨고 일찍 진다

8과 정리

① 문자에 비해서
② 무료로 사용할 수 있는 반면에
③ 두 사람만 메시지를 주고받을 수 있는 반면에

8과 듣고 말하기

가.

① 민요
② 최대
③ 풍습
④ 흥겹다
⑤ 험하다

나.

① 지었다
② 흥겨운
③ 가난하고
④ 매진됐다
⑤ 발달되었다

다.

① 최대
② 음력
③ 담아
④ 지내는
⑤ 비교하면

라.

① 풍습이 남아 있다
② 템포가 빠르다
③ 마음을 담다
④ 소원을 빌다

마.

① 풍습이 지금도 남아 있어요.
② 소원을 빌고 있었어요
③ 마음을 담아요
④ 모두 템포가 빨라서

8과 읽고 말하기

가.

① 해마다
② 맨손
③ 사라진다
④ 새콤한
⑤ 가늘다

나.

① ㉤
② ㉢
③ ㉥
④ ㉠
⑤ ㉣
⑥ ㉡

다.

① 어느새
② 담백하고
③ 지친
④ 별미
⑤ 동시에
⑥ 쫄깃하고

라.

① 요리조리 피하는 바람에
② 스트레스가 싹 날아갈 거예요
③ 마음껏 즐길 수 있었어요

④ 시설이 잘 갖춰져 있었어요

마.

① 사람들로 붐빈다.
② 푹푹 찌는
③ 가슴 속까지 시원해지는
④ 자리를 잡음/잡았다
⑤ 그 맛을 잊을 수 없다

8과 종합 문제

가.

① 만드는 반면에
② 큰 도서관에 비해서

나.

① 예전에 비해서 관심이 줄어들었다
② 웹툰은 인터넷이 연결되는 곳에서 컴퓨터나 스마트폰을 이용해서 볼 수 있는 반면에 만화책은 서점에서 직접 구입하거나 만화방에 가서 빌려 볼 수 있다
③ 웹툰은 대부분 무료로 볼 수 있는 반면에 만화책은 비용이 든다

다.

① ①
② 정선 아리랑은 슬프고 잔잔한 반면에 밀양 아리랑은 빠르고 흥겹다.
③ 아랑이 죽었다는 소식/어떤 젊은이가 아랑을 죽였다는 소식

単語索引

ㄱ

ㄴ

ㄷ

ㅇ

ㅊ

ㅋ

ㅌ

ㅍ

ㅎ

기타

表現リスト